CHRISTIAN GRIMM

Allgemeine Wehrpflicht und Menschenwürde

Schriften zum Öffentlichen Recht

Band 415

Allgemeine Wehrpflicht und Menschenwürde

Von

Dr. Christian Grimm

DUNCKER & HUMBLOT / BERLIN

Alle Rechte vorbehalten
© 1982 Duncker & Humblot, Berlin 41
Gedruckt 1982 bei Buchdruckerei A. Sayffaerth - E. L. Krohn, Berlin 61
Printed in Germany
ISBN 3 428 05100 9

*Für Mutter und Vater
in Dankbarkeit*

Inhaltsverzeichnis

1.	**Einleitung**	13
2.	**Die allgemeine Wehrpflicht im historischen Zusammenhang**	14
2.1.	Zweck einer historischen Betrachtung	14
2.2.	Historische Entwicklung der Wehrformen in Deutschland	15
2.2.1.	Germanische Zeit	15
2.2.2.	Fränkische Zeit und Hochmittelalter	16
2.2.3.	Spätmittelalter/Frühe Neuzeit	17
2.2.4.	Absolutismus	18
2.2.5.	Französische Revolution/Befreiungskriege/Restauration	19
2.2.6.	Kaiserreich 1871 - 1918	21
2.2.7.	Weimarer Republik	22
2.2.8.	Nationalsozialismus 1933 - 1945	24
2.2.9.	Die Wiederaufrüstung Westdeutschlands	25
2.2.9.1.	Verlauf	25
2.2.9.2.	Zur Struktur der Bundeswehr heute	28
2.3.	Ergebnis	28
2.4.	Tabellarischer Überblick über die Entwicklung der Wehrformen in Deutschland	30
3.	**Würdebegriff des Grundgesetzes**	33
3.1.	Rechtsprechung	33
3.1.1.	Bundesverfassungsgericht	33
3.1.2.	BGH und BVerwG	34
3.2.	Literatur zum Würdebegriff	34
3.2.1.	Wichtige Beiträge zur Würdediskussion in historischer Abfolge .. Dürig 1952 (S. 34) — Nipperdey 1954 (S. 35) — Dürig 1956 (S. 36) — Wertenbruch 1958 (S. 37) — Luhmann 1965 (S. 41) — Maihofer 1968 (S. 42) — B. Giese 1975 (S. 43)	34

3.2.2.	Kritik und Auswertung des Meinungsstandes in Rechtsprechung und Literatur	45
3.3.	Eigener Versuch einer begrifflichen Klärung mit dem Ziel einer Definition	50
3.3.1.	Rechtfertigung eines Definitionsversuches	50
3.3.2.	Probleme bei der Definition von Wertbegriffen	52
3.3.3.	Eigener Klärungsversuch	53
3.3.3.1.	Methodischer Ansatz	53
3.3.3.2.	Herkunft und Form des Wortes „Würde"	53
3.3.3.3.	Bedeutung und Gebrauch	54
3.4.	Konsequenzen aus der eigenen Begriffsklärung	56
3.5.	Praktikabilität des Ergebnisses	57
4.	**Die Würde im Sinne des Art. 1 I GG und das Institut der allgemeinen Wehrpflicht**	60
4.1.	Inhalt der Wehrpflicht nach dem Wehrpflichtgesetz	60
4.2.	Rechtsprechung zum Spannungsverhältnis zwischen Art. 1 I GG und dem Institut der allgemeinen Wehrpflicht	60
4.2.1.	Bundesverwaltungsgericht	61
4.2.2.	Bundesverfassungsgericht	61
4.3.	Inhaltliche Konkretisierung der Wehrpflicht an Hand des modernen Kriegsbildes	63
4.3.1.	Das moderne Kriegsbild	63
4.3.2.	Auswirkungen auf die Zivilbevölkerung	64
4.3.3.	Konsequenzen für den Wehrpflichtigen	66
4.3.3.1.	Zur Existenz- und Würdevernichtung des Wehrpflichtigen	66
4.3.3.2.	Die Nichtbegrenzbarkeit des Waffeneinsatzes auf Kombattanten	68
4.4.	Auswirkungen auf die Grundrechtssystematik, Rechtspolitische Konsequenzen	69
4.5.	Spannungsabbau zwischen allgemeiner Wehrpflicht und Art. 1 I GG	71
4.5.1.	Priorität des Art. 1 I GG	71
4.5.2.	Ansatz im Bereich der „Verfassungswirklichkeit"	72
5.	**Würdeverletzungen im Wehrdienst**	73
5.1.	Beispiele aus den Jahresberichten des Wehrbeauftragten des Deutschen Bundestages	73

5.2.	Auswertung der Beispiele	76
5.2.1.	Qualifizierung der Maßnahmen	76
5.2.2.	Offizielle Bewertung der Würdeverletzungen durch den Wehrbeauftragten und das Bundesministerium der Verteidigung	77
5.2.3.	Weiterführende Auswertung	80
5.2.3.1.	Allgemeines	80
5.2.3.2.	Horizontale Beziehungsebene	82
5.2.3.3.	Vertikale Beziehungsebene	84
5.3.	Konsequenzen	87
6.	**Würdegefährdungen im Wehrdienst**	**89**
6.1.	Abgrenzung zu den Fällen des Kapitels 5	89
6.2.	Traditionsbedingte Gefährdungen	90
6.2.1.	Tradition als organisationsimmanentes Element der Bundeswehr	90
6.2.2.	Traditionsbedingte Würdegefährdungen im einzelnen	91
6.2.2.1.	Formalausbildung	91
6.2.2.2.	Truppenparaden, Öffentliche Gelöbnisfeiern u. ä.	98
6.2.2.3.	Achtungsbezeugungspflicht gegenüber Symbolen	99
6.2.2.4.	Weitere Gefährdungsfälle	101
6.2.2.5.	Das Prinzip von Befehl und Gehorsam	102
6.3.	Würdegefährdungen durch Technisierung und bundeswehrspezifische Prinzipien der Menschenführung	106
6.3.1.	Technisierung und Bürokratisierung	106
6.3.2.	Innere Führung	107
7.	**Zusammenfassung**	**110**
Literaturverzeichnis		**112**

Abkürzungsverzeichnis

a. A.	=	anderer Ansicht
a. M.	=	anderer Meinung
AöR	=	Archiv des öffentlichen Rechts
Art.	=	Artikel
Bd.	=	Band
BDH	=	Bundesdisziplinarhof
BGBl.	=	Bundesgesetzblatt
BGH	=	Bundesgerichtshof
BGHZ	=	Amtliche Entscheidungssammlung des Bundesgerichtshof in Zivilsachen
BT	=	Bundestag
BVerfG	=	Bundesverfassungsgericht
BVerfGE	=	Amtliche Entscheidungssammlung des Bundesverfassungsgerichts
BVerwG	=	Bundesverwaltungsgericht
BVerwGE	=	Amtliche Entscheidungssammlung des Bundesverwaltungsgerichts
CDU	=	Christlich Demokratische Union Deutschlands
CSU	=	Christlich-Soziale Union
DÖV	=	Die öffentliche Verwaltung
DVBl.	=	Deutsches Verwaltungsblatt
FDP	=	Freie Demokratische Partei
GG	=	Grundgesetz
HDv	=	Heeresdienstvorschrift
h. L.	=	herrschende Lehre
h. M.	=	herrschende Meinung
JR	=	Juristische Rundschau
JZ	=	Juristenzeitung
Lit.	=	Literatur
m. w. N.	=	mit weiteren Nachweisen
NJW	=	Neue Juristische Wochenschrift
NSDAP	=	Nationalsozialistische Deutsche Arbeiterpartei
Rspr.	=	Rechtsprechung
RuSt.	=	Recht und Staat
SG	=	Soldatengesetz
s. o.	=	siehe oben
UvD	=	Unteroffizier vom Dienst
WDO	=	Wehrdisziplinarordnung
WPflG	=	Wehrpflichtgesetz
ZDv	=	Zentrale Dienstvorschrift

Erklärung militärischer Fachausdrücke*

Bataillon	Kleinster militärischer Verband. 1 Bataillon umfaßt 5 Kompanien. Bei der Infanterie gliedert sich 1 Bataillon in 1 Stabskompanie, 3 Infanterie-Gefechtskompanien und 1 schwere Kompanie (ausgerüstet mit Geschützen, Schützenpanzern und Panzerabwehrraketen).
Befehl	ist eine Anweisung zu einem bestimmten Verhalten, die ein militärischer Vorgesetzter (§ 1 IV SG) einem Untergebenen schriftlich, mündlich oder in sonstiger Weise, allgemein oder für den Einzelfall und mit Anspruch auf Gehorsam erteilt (Legaldefinition des § 2 Nr. 2 WStG).
Brigade	Unterste Form eines Großverbandes. Führer: Brigadekommandeur (Brigadegeneral).
Disziplinargewalt	ist die Befugnis, Einfache Disziplinarstrafen oder andere zulässige erzieherische Maßnahmen zu verhängen. Sie steht nur Offizieren vom Kompaniechef aufwärts und dem Bundesminister der Verteidigung selbst zu (§§ 16 - 20 WDO).
Disziplinarstrafe	Eine öffentlich-rechtliche Strafe besonderer Art zur Erziehung des Soldaten, der schuldhaft seine Dienstpflichten verletzt hat. Nach der WDO werden Einfache Disziplinarstrafen (Verhängung durch Disziplinarvorgesetzte) und Laufbahnstrafen (Verhängung durch Truppendienstgerichte) unterschieden (s. §§ 10 und 43 WDO).
Division	Großverband des Heeres und der Luftwaffe. Zusammenfassung von Brigaden. Führer: Divisionskommandeur (Generalmajor).
Erzieherische Maßnahmen	dienen der Förderung der soldatischen Disziplin. Sie werden erlassen bei guten Leistungen und bei Mängeln. Sie gliedern sich in: — Allgemeine Erzieherische Maßnahmen (anwendbar durch jeden Vorgesetzten) — Zusätzliche Erzieherische Maßnahmen (anwendbar im Regelfall vom Feldwebel aufwärts) — Besondere Erzieherische Maßnahmen (anwendbar durch jeden Vorgesetzten)
Gehorsam	heißt Vollziehung eines Gebotes oder Beachtung eines Verbotes. Der Gehorsam beschränkt sich auf die Befolgung von Befehlen. Zur Ausgestaltung der Gehorsamspflicht s. § 11 SG.
Gruppe	Aus 6 - 10 Soldaten bestehende Kampfgemeinschaft, die von einem Gruppenführer (meist Unteroffizier) geführt wird. 3 - 4 Gruppen bilden einen Zug.

---

* s. dazu im einzelnen *K. H. Fuchs / F. W. Kölper* (Hrsg.), Militärisches Taschenlexikon 2. Aufl., Frankfurt/Main 1961.

Kampfmittel	Im Gegensatz zur Waffe verbraucht sich das Kampfmittel bei einmaligem Einsatz.
Kompanie	Militärische Einheit. 1 Kompanie besteht in der Regel aus der Kompanieführungsgruppe und 3 Zügen mit einer Gesamtstärke von etwa 130 Mann. Die Kompanie ist die kleinste Einheit mit eigener Disziplinargewalt. Bei der Artillerie spricht man von Batterien. Führer: Hauptmann oder Major.
Miliz	Streitkräfte aufgrund einer besonderen Form der allgemeinen Wehrpflicht. Die auf dieser Grundlage aufgestellten Streitkräfte besitzen in der reinen Form des Milizsystems kein stehendes Heer (ständig mobile Truppe). Die Verbände treten im Frieden nur zu Manövern und Übungen zusammen. Abgewandelte Form: Im Frieden Bildung von Kadern, die im Verteidigungsfall durch Milizsoldaten aufgefüllt werden.
Stehendes Heer	Aus Freiwilligen (Berufssoldaten, Soldaten auf Zeit) und Wehrpflichtigen (falls diese Wehrform durch Gesetz eingeführt ist) aufgestellte, ständig einsatzbereite Streitkräfte. — Gegensatz: Miliz.
Strategie	ist die Einheit kriegsrelevanter Operationen auf oberster politischer, ökonomischer und militärischer Ebene.
Streitkräfte	Die bewaffnete Macht eines Staates, bei der Bundeswehr bestehend aus den Teilstreitkräften Heer, Luftwaffe und Marine.
Taktik	ist die Technik der Truppenführung auf dem Gefechtsfeld.
Teilstreitkräfte	s. Streitkräfte
Vorgesetzter	ist, wer befugt ist, einem Soldaten Befehle zu erteilen; s. im einzelnen § 1 IV SG.
Waffe	Gegenstand zur Bekämpfung des Gegners durch unmittelbare Einwirkung (Hieb- und Stichwaffe) oder Vorrichtung zum Abschießen von Munition (Gewehr, Geschütze ...).
Waffengattung	Zusammenfassung von Soldaten, die innerhalb des Heeres bestimmte Aufgaben zu erfüllen haben und dazu mit speziellen Waffen und Geräten ausgerüstet sind. — z. B. Infanterie, Pioniertruppe, Artillerie etc.
Wehrform	ist die praktische Organisation der Streitkräfte unter besonderer Berücksichtigung der personalen Aufstellungs- und Ergänzungsmethode. Haupttypen: Wehrpflichtigen-Heer, Freiwilligen-Heer.
Wehrverfassung	Gesamtheit aller das Wehrrecht betreffenden Normen, unabhängig davon, ob in einer Verfassung oder in einfachem Gesetzesrecht verankert.
Zug	Aus 30 - 50 Soldaten bestehende Kampfgemeinschaft, die von einem Zugführer (Leutnant oder Feldwebel) geführt wird. 3 - 4 Züge ergeben eine Kompanie bzw. Batterie.

1. Einleitung

In der Diskussion um die Wiederaufrüstung Westdeutschlands wurden von Anfang an Zweifel an der grundsätzlichen Vereinbarkeit von Wehrpflicht und Menschenwürde geäußert. Nachdem die Entscheidung für die Wiederbewaffnung gefallen war, verlagerte sich der Diskussionsschwerpunkt von der Frage, *ob* die allgemeine Wehrpflicht als solche mit der Würdenorm des Grundgesetzes zu vereinbaren sei, auf die Frage, *wie* man die Wehrpflicht im einzelnen ausgestalten müsse, um Würdekonformität im Wehrdienstverhältnis zu erreichen und zu sichern.

Die vorliegende Arbeit beschäftigt sich mit *beiden* Fragenkomplexen, mit der Frage der grundsätzlichen Würdekonformität, weil seit der Entscheidung für die Wiedereinführung der allgemeinen Wehrpflicht die Technisierung in den Streitkräften erheblich fortgeschritten ist und nicht ausgeschlossen werden kann, daß dieser Prozeß qualitative, verfassungsrechtlich erhebliche Veränderungen bezüglich des Inhalts und der Tragweite der allgemeinen Wehrpflicht zur Folge hat. Der Schwerpunkt der Untersuchung liegt aber angesichts der politischen Realitäten auf dem zweiten Fragenkomplex. Es soll festgestellt werden, ob es im Verlauf der nun 25jährigen Geschichte der Bundeswehr gelungen ist, der normativen Forderung des Artikels 1 Abs. 1 Grundgesetz im einzelnen gerecht zu werden. Dabei soll vor allem der militärische Alltag einer kritischen Revison unterzogen werden.

Eigene Erfahrungen des Verfassers in der Bundeswehr (18 Monate Grundwehrdienst, mehrere Wehrübungen, Ausbildung bis zum Zugführer eines schweren Mörserzuges) waren hierfür eine unerläßliche Voraussetzung. Die Genehmigung des Bundesministers für Verteidigung, aktuelle Dienstvorschriften zu verwenden und in die Arbeit einzubeziehen, bildete eine wertvolle Ergänzung, um engste Sachnähe zu erreichen.

2. Die allgemeine Wehrpflicht im historischen Zusammenhang*

2.1. Zweck einer historischen Betrachtung

Wie jedes Rechtsinstitut kann auch die allgemeine Wehrpflicht in ihrer sozialen und politischen Komplexität nur voll verstanden werden, wenn man ihre historischen Wurzeln freilegt und ihren geschichtlichen Werdegang verfolgt. Was die Entstehung der allgemeinen Wehrpflicht betrifft, so ist die Meinung vorherrschend, sie sei „ein Kind der Demokratie". „Erst nachdem Freiheit, Gleichheit und Brüderlichkeit als Grundlagen einer neuen, nachabsolutistischen Lebensordnung akzeptiert waren, konnte die allgemeine Wehrpflicht verkündet werden[1]." Aussagen dieser Art, in denen sich die Ansicht einer wesensmäßigen Verknüpfung von Demokratie und allgemeiner Wehrpflicht widerspiegelt, spielen für das Thema dieser Arbeit eine nicht unerhebliche Rolle. Denn bei einer historisch haltbaren Bestätigung dieser Ansicht erführe das Institut der allgemeinen Wehrpflicht verfassungsrechtlich einen nicht unerheblichen Qualitätszuwachs, der bei der Untersuchung des Verhältnisses zwischen der allgemeinen Wehrpflicht und der Würdenorm nicht außer Ansatz bleiben dürfte. Gleiches gilt für den umgekehrten Fall, daß die These der wesensmäßigen Verknüpfung von Demokratie und allgemeiner Wehrpflicht im Ablauf der Geschichte keinen Rückhalt zu finden vermag. Die allgemeine Wehrpflicht läßt sich dann nicht in gleicher Weise institutionell verfestigen, läßt sich nicht in die Forderung nach materieller Demokratieverwirklichung miteinbeziehen, nicht als quasi immanenter Bestandteil des Demokratieprinzips über die Artikel 20 Abs. 1, 79 Abs. 3 GG verewigen[2].

Der historische Teil dieser Arbeit dient daher auch einer Überprüfung der herrschenden Meinung zum Verhältnis zwischen Demokratie

---

* Die historische Entwicklung der Wehrformen in Deutschland und ihr Verhältnis zur jeweiligen Staatsform wurde im wesentlichen bereits dargestellt in *meinem* Aufsatz „Die allgemeine Wehrpflicht und das Argument der Demokratieadäquanz", in: NZWehrr 3/1981, S. 81 ff.

[1] *Seidler / Reindl*, Die Wehrpflicht 1971, S. 36; ebenso *Theodor Heuß*, zit. bei *Otto Wien*, Wehrpflicht und Wehrethos, in: Soldaten der Demokratie, 1973, S. 89; sinngemäß auch *Carl Hans Hermann*, Deutsche Militärgeschichte, S. 358; vgl. auch BVerfGE 12, 45 (50).

[2] Vgl. dazu 4.5.1.

2.2. Historische Entwicklung der Wehrformen in Deutschland

und allgemeiner Wehrpflicht und darüber hinaus einer Klärung der Frage der Interdependenz von Staatsform und Wehrform im allgemeinen.

2.2. Historische Entwicklung der Wehrformen in Deutschland

2.2.1. Germanische Zeit[3]

Die Germanen außerhalb des römischen Herrschaftsbereiches kannten bis zur Reichsgründung durch die Franken keine politische Zentralgewalt, sondern zerfielen in kleine Völkerschaften, die sich erst im 3. und 4. Jahrhundert nach Chr. zu Stammesstaaten zusammenfanden[4]. In diesen Verbänden entstand ein Königtum auf volksrechtlicher[5] Grundlage. Die Macht des Königs beruhte auf dem Volkswillen, das Volk besaß jederzeit ein Widerstandsrecht gegen einen König, der die Verfassung mißachtete und sich zum Tyrannen aufschwingen wollte[6]. Dabei ist allerdings zu beachten, daß sich das „Volk" nur aus Adel und Freien zusammensetzte und insofern keine Demokratie im modernen Sinne bestand.

Herrschende Wehrform war die allgemeine Wehrpflicht. Wie im antiken Athen[7] und in Rom[8] bedeutete Wehrpflicht zugleich Wehrrecht, d. h. nur dem Adel und den Freien war es vorbehalten, Waffen zu tragen[9]. Die Gesamtheit der nach Sippen geordneten wehrhaften Männer bildeten das germanische Heer. Das gesamte Aufgebot, der „Heerbann", wurde nur eingesetzt, wenn die Existenz des Stammes auf dem Spiele stand. Daneben existierte noch eine andere Wehrform: das „Heergeleit". Hierbei handelte es sich um eine freiwillige Gefolgschaft zur Durchführung von Beute- und Eroberungszügen (sog. „Heerfahrten")[10]. Mit Heerbann und Heergeleit sind bereits jene beiden Wehrformen (Wehrpflichtigenheer und Berufsheer) im Ansatz vorhanden,

---

[3] Hier wird nur auf die Lage in Germania Magna eingegangen, nicht auf jene im römisch besetzten Germanien. Die Entwicklung in den besetzten Gebietsteilen läßt sich nur vor dem Hintergrund der römischen Militär- und Universalgeschichte verstehen. Ein Eingehen darauf verbietet sich hier schon aus Raumgründen.
[4] *Mitteis / Lieberich*, S. 11 u. 38.
[5] Zum Begriff des „Volksrechts" s. *Mitteis / Lieberich*, S. 50 u. 71.
[6] *Mitteis / Lieberich*, S. 24 ff. mit ausführl. Schrifttum zum germanischen Königsbegriff.
[7] *Victor Ehrenberg*, Der Staat der Griechen, 2. Aufl., 1965, S. 98.
[8] *Delbrück II*, S. 19 u. 168.
[9] *Hermann*, S. 16.
[10] *Mitteis / Lieberich*, S. 16.

die über zwei Jahrtausende hinweg in einem ständigen Spannungsverhältnis standen[11].

2.2.2. Fränkische Zeit und Hochmittelalter

Auch in diesem Zeitabschnitt bildete das Volksrecht noch die Grundlage der Verfassung, wenngleich sich die Machtstellung des Königs aufgrund militärischer und politischer Erfolge laufend verstärkte. Er war aber immer noch Repräsentant des Volkes, nicht absoluter Monarch oder Diktator[12]. Das Königswahlrecht stand aber nicht mehr allen Freien, sondern nur noch dem Adel zu[13].

Wie bei den germanischen Stammesstaaten beruhte auch die fränkische und hochmittelalterliche Wehrverfassung auf dem Grundsatz der Wehrpflicht aller freien Männer[14]. Die Wehrform wandelte sich jedoch grundlegend. An die Stelle des Heerbannes trat allmählich das Reiterheer der Vasallen[15]. Die Verpflichtung zum persönlichen Kriegsdienst wurde an zureichenden Landbesitz gebunden, so daß sich die Kriegsmacht mehr und mehr in den Händen der Großgrundbesitzer, also des Adels konzentrierte[16]. Die allgemeine Wehrpflicht kam nach Abschluß der Entwicklung zum Feudalheer praktisch nur noch in der sog. „Landwehr" zum Tragen. In diesem Rahmen traf jeden einzelnen wehrfähigen Mann unabhängig von seiner wirtschaftlichen Leistungsfähigkeit die Pflicht, beim Einbruch feindlicher Heere das eigene Land zu verteidigen[17].

Es ist schwierig, bei der schon zu Zeiten der Merowinger beginnenden Feudalisierung von Heer *und* Staat Ursache und Wirkung auseinanderzuhalten. Hier gibt es für die historische Forschung noch einiges zu klären. Soweit jetzt überschaubar, ist es aber der Wandel der *Wehrform*, der initial, zumindest aber stark begünstigend für die Ausprägung des Feudalwesens im Staate wirkte. Die Entwicklung dürfte folgendermaßen verlaufen sein: Am Anfang stand ein militärisch-technischer und geopolitischer Zwang. Ein großes, vornehmlich aus Fuß-

---

[11] *Hermann*, S. 17.
[12] *Mitteis / Lieberich*, S. 50 u. 114; *Conrad*, S. 44.
[13] Zur Koppelung von Königswahlrecht und Erbkönigtum in dieser Zeit s. *Mitteis / Lieberich*, S. 51 f., und *R. Schneider*, Königswahl und Königserhebung im Frühmittelalter; Untersuchungen zur Herrschaftsnachfolge bei den Langobarden und Merowingern, 1972.
[14] *Conrad*, S. 49.
[15] Der zeitliche Abschluß dieser Entwicklung ist umstritten, s. *E. R. Huber*, Heer und Staat, 1943, S. 39 f.
[16] *Mitteis / Lieberich*, S. 67.
[17] *Conrad*, S. 67.

2.2. Historische Entwicklung der Wehrformen in Deutschland

truppen bestehendes Heer war zu schwerfällig, um die Verteidigung des immer größer werdenden Reiches gewährleisten zu können. Diese Aufgabe wurde daher von kleineren, beweglicheren Verbänden übernommen, deren Kern die Reiter bildeten[18]. Zum militärisch-technischen und geopolitischen Aspekt kamen nun zwei wirtschaftliche Gesichtspunkte hinzu:

a) Die Masse des Volkes besaß nicht die Mittel, um ein Pferd und die teure Rüstung zu stellen, so daß es zu der schon angesprochenen Konzentration der Kriegsmacht in den Händen der Adeligen kam. Diese nutzten ihre so gesteigerte Machtstellung nicht nur zur Verteidigung des Reiches, sondern auch innenpolitisch zum Ausbau alter und zum Erwerb neuer Privilegien.

b) Die Ernährung des Volkes konnte nicht sichergestellt werden, wenn man einen Großteil der Bauern unter Waffen hielt. Daher kam es ab dieser Zeit zu einer Trennung in einen „Nähr"- und einen „Wehrstand"[19].

Aus diesen Gründen erscheint es gerechtfertigt, für die Frankenzeit festzuhalten, daß für den Wandel der Wehrform primär ein militärisch-technischer, nicht ein staatsrechtlicher Grund ausschlaggebend war.

2.2.3. Spätmittelalter / Frühe Neuzeit

Die Idee des Reiches und des Kaisertums stand zwar auch in diesem Zeitabschnitt noch in Geltung, die politische Wirklichkeit hatte sich aber schon weit davon entfernt[20]. Die partikularistischen Tendenzen verstärkten sich, die Entwicklung lief unaufhaltsam auf die Entstehung und Festigung absolutistisch regierter Einzelstaaten hinaus. Da sich schon in fränkischer Zeit eine Schicht von Königsrecht neben dem Volksrecht herausgebildet hatte[21] und nun auch noch das landesherrliche Fürstenrecht das Volksrecht bis zur Bedeutungslosigkeit verdrängte, kann hier von einem „Volkskönigtum" auch in bezug auf das Reich nicht mehr gesprochen werden[22].

---

[18] *Hermann*, S. 38 f.
[19] Noch Friedrich der Große äußerte sich während des Siebenjährigen Krieges: „Die Landsleute sollen sich bei ihrem Erbe halten und nicht in den Krieg ziehen." — Andernfalls werde er sie als Rebellen ansehen, zit. nach *A. Aust*, Der dornenvolle Weg vom Söldnerheer zur allgemeinen Wehrpflicht, in: Inform. für die Truppe, 1977, Heft 5, S. 74.
[20] s. im einzelnen *E. Forsthoff*, Deutsche Verfassungsgeschichte der Neuzeit, 1940, S. 14 ff.
[21] *Mitteis / Lieberich*, S. 71.
[22] Nach Erlaß der Goldenen Bulle Kaiser Karls IV. (1356) ist das Königswahlrecht „endgültig auf einen kleinen Fürstenklüngel beschränkt und entbehrt jeder Volkstümlichkeit". *Mitteis / Lieberich*, S. 181.

Während sich so im Bereich der Reichs- und Territorialverfassungen ohne markante Wendungen nur eine bereits vorhandene Tendenz verstärkte, vollzog sich auf dem Wehrsektor erneut eine einschneidende Änderung: Vom Jahre 1315 ab entwickelten sich Landsknechtheere[23], die das Kriegsbild bis zum Ende des 16. Jahrhunderts prägten. Den Anstoß dazu gaben die Schweizer Eidgenossen mit den Erfolgen ihrer Fußtruppen gegen die herkömmlichen Ritterheere[24]. Dabei ist es wichtig zu wissen, daß das Heer der Schweizer damals zum größten Teil aus Söldnern bestand, also aus Soldaten, die ihr Kriegshandwerk gegen Bezahlung ausübten[25].

Auch die Hussitenkriege in der ersten Hälfte des 15. Jahrhunderts trugen zu einem taktischen Umdenken bei, das schließlich zu den Reformversuchen der Reichswehrverfassung von 1422 und 1427 führte[26]. Obwohl in diesen Reformbestrebungen neben der Einführung einer Reichskriegssteuer eine Wiederbelebung der allgemeinen Wehrpflicht vorgesehen war, blieb es in dieser Zeit bei der Werbung von Freiwilligen, die gegen Sold kämpften[27].

Der in Reaktion auf die eidgenössischen Siege erfolgende Wechsel vom Reiterheer der Vasallen zum Fußheer der Söldner zeigt besonders deutlich den Vorrang militärischer Gesichtspunkte vor rechtlichen — und hier sogar — sozial-existentiellen Überlegungen: Die herrschende Klasse der Ritter mußte sich militärischen Sachzwängen beugen, d. h. das Heer auf Fußtruppen umrüsten, obwohl damit der Niedergang der eigenen Klasse eingeleitet wurde.

2.2.4. Absolutismus

In der Auflösungsperiode des Reiches verfiel die Reichskriegsverfassung in zunehmendem Maße[28]. Der Versuch, auf ständischer Grundlage ein Reichsheer zu schaffen, schlug fehl[29]. Die militärische Entwicklung vollzog sich von nun an hauptsächlich in den einzelnen Territorialstaaten. Die Landesherren leiteten ihre faktische Wehrhoheit aus dem ius armorum (Bestandteil des Westfälischen Friedenswerkes 1648) und

---

[23] *Hermann*, S. 58, mit ausführl. Schrifttum über Gesamtdarstellungen der Geschichte der Landsknechte in Fußn. 23.

[24] Schlacht bei Morgarten am 15.11.1315; weitere Erfolge der Schweizer u. a. bei Sempach 1386 und Näfels 1388.

[25] *Hermann*, S. 58 ff. (59).

[26] *Conrad*, S. 129 ff.

[27] *Conrad*, S. 143.

[28] *Hermann*, S. 94; *Conrad Bornhak*, Deutsche Verfassungsgeschichte vom Westfälischen Frieden an, 1934, Neudruck 1968, S. 201 ff.

[29] *Huber*, wie Fußn. 15, S. 326.

vor allem aus § 180 des „Jüngsten Reichsabschiedes" von 1654 her[30]. Danach hatte der Landesherr das Recht, von seinen Untertanen die Heerfolge zu verlangen. Die militärische Wirklichkeit aber ist nicht gekennzeichnet von der Heerfolge, sondern von der Herausbildung stehender (Berufs-)Streitkräfte[31]. Diese entwickelten sich hauptsächlich aus größeren Truppenkontingenten, die nach abgeschlossenen Feldzügen unter den Fahnen behalten wurden[32].

Das erste stehende Heer in Deutschland wurde von Kurfürst Friedrich Wilhelm von Brandenburg gebildet. Die Entwicklung setzte sich zügig fort unter König Friedrich Wilhelm I. von Preußen und Friedrich dem Großen[33]. Der Milizgedanke erlosch jedoch auch in dieser Zeit nicht, sondern erhielt in der Auseinandersetzung zwischen den Fürsten und den Ständen neue Aktualität. Die Stände tendierten stets zum Milizheer, da dieses im Gegensatz zu den stehenden Soldtruppen kein allzeit verfügbares Machtinstrument in den Händen der Fürsten darstellte. Aber auch von Seiten der Fürsten wurde die Form der Miliz nie ganz aufgegeben, da sie sich so die Möglichkeit vorbehielten, auf billige Weise die militärische Kraft ihres Landes zu steigern[34]. Den Idealfall aus absolutistisch-monarchischer Sicht bildete das Nebeneinander von stehendem Berufsheer und der Landmiliz, wie dies zum Beispiel in Preußen unter Friedrich Wilhelm I. und Friedrich II. praktiziert wurde[35].

2.2.5. Französische Revolution / Befreiungskriege / Restauration

Am Ende der revolutionären Entwicklung in Frankreich stand auf dem Wehrsektor die Rückkehr zur allgemeinen Wehrpflicht. Es wäre aber übereilt und oberflächlich, daraus den Schluß ziehen zu wollen, daß erst der staatsrechtliche Boden hätte bereitet werden müssen, damit auf den Grundsätzen von liberté, égalité und fraternité die allgemeine Wehrpflicht gedeihe[36]. Diese These zu vertreten, kommt letztlich einer Mißachtung historischer Abläufe gleich. Denn die franzö-

---

[30] *Gerhard Papke*, Von der Miliz zum stehenden Heer. Wehrwesen im Absolutismus, in: Handbuch zur deutschen Militärgeschichte 1648 bis 1939, 1979, S. 207/208.
[31] Wirtschaftliche Voraussetzung dafür war das Aufkommen der neuzeitlichen Geldordnung.
[32] *Meier-Welcker*, S. 9.
[33] Zur Entwicklung in den übrigen deutschen Staaten, die nach und nach dem Beispiel Preußens folgten, ohne dessen Heeresstärke zu erreichen, s. *Meier-Welcker*, S. 11 ff.
[34] *Meier-Welcker*, S. 25.
[35] *Meier-Welcker*, S. 38.
[36] s. aber *Seidler / Reindl* u. a. bei Fußn. 1.

sische Nationalversammlung hatte die Einführung der allgemeinen Wehrpflicht von Anfang an grundsätzlich und entschieden abgelehnt. „Die allgemeine Wehrpflicht sei mit der Freiheit des Individuums unvereinbar; das Werbesystem sei die einem ‚freien Volk' allein gemäße Rekrutierungsweise. Die Nationalgarde der Französischen Revolution war die einfache Übertragung des demokratischen Wahlprinzips auf die Armee; jedem Urwähler gestand man das ‚Recht' auf die Waffe zu, ohne ihm jedoch eine Pflicht zum Waffendienst aufzuerlegen...[37]." Erst nach mehreren Niederlagen der französischen Freiwilligenverbände, die Frankreich an den Rand des Abgrunds brachten[38], gelang es Carnot[39] am 23. August 1793 im Gegensatz zu den ursprünglichen Ideen der Revolution die allgemeine Wehrpflicht durchzusetzen. Huber spricht daher bezüglich der Levée en masse zu Recht von einer „Notmaßnahme"[37], die sich jedoch wenig später für Napoleon insofern bezahlt machte, als er Zugriff auf ein im Vergleich zu den Armeen seiner Gegner riesiges Menschenpotential nehmen konnte[40].

Auch in Preußen führte man nach den katastrophalen Niederlagen des alten „friderizianischen" Heeres gegen Napoleon im Zuge einer tiefgreifenden Heeresreform[41] die allgemeine Wehrpflicht wieder ein. Dabei zeigt die Entwicklung in Preußen noch deutlicher als in Frankreich, daß die primären Gründe für die Durchsetzung der allgemeinen Wehrpflicht nicht im allgemein staatlichen, sondern im militärischen Bereich lagen. Es sei Männern wie Scharnhorst, Gneisenau und Boyen unbenommen, daß sie wie von Stein, von Hardenberg u. a. weit über den militärischen Bereich hinausdachten und wirken wollten, daß es ihnen auch darum ging, eine Demokratisierung der Gesellschaft einzuleiten, insbesondere dem Volke das allgemeine Wahlrecht zu verschaffen. Dies kann jedoch nicht darüber hinwegtäuschen, daß das Bedürfnis nach einer Staatsreform im allgemeinen weniger dringlich empfunden wurde, als jene des Heeres. So scheiterten denn auch die Reformen auf politischem Gebiet weitgehend[42]. Mag angesichts der existentiellen

---

[37] *E. R. Huber*, wie Fußn. 15, S. 125/126.

[38] Vgl. die Zeittafel zur Franz. Revolution, in: Reden der Französischen Revolution, 1974, S. 445 f.; s. ebenda Dantons Reden vom 19. 3. 1793 und vom 5. 9. 1793, S. 276 f. u. 315 f. Aufschlußreich die Passage: „Der Bedarf an Waffen ist eine Fessel für uns. An Bürgern allerdings wird es dem Vaterlande niemals fehlen." (S. 316).

[39] Lazare Nicolas Marguerite Comte de Carnot (1753 - 1823), ab 1800 Kriegsminister Napoleons; auf ihn geht die Einteilung des Heeres in Divisionen (kleine selbständige Armeen aus allen Waffengattungen) und die Einführung des Tirailleur-Systems (Vorgehen in der aufgelockerten Schützenkette) zurück.

[40] Vgl. dazu *J. F. C. Fuller*, Die entartete Kunst Krieg zu führen, 1789 bis 1961, 1964, S. 36.

[41] Im einzelnen zur Heeresreform von 1806 - 1814: *Hermann*, S. 134.

Bedrohung durch Napoleon zwar ein Gefühl von fraternité in Preußen aufgekommen sein (1813!), die Ideen der Freiheit und Gleichheit jedenfalls hatten sich nicht durchzusetzen vermocht. Den Bürger traf zwar jetzt die allgemeine Wehrpflicht, das allgemeine Wahlrecht aber blieb ihm nach wie vor versagt[43]. „Der sogenannte ‚kleine Mann' erfüllt als Patriot und in soldatischer Subordination seine Pflicht — und nicht mehr[44]."

Nach dem Wehrpflichtgesetz vom 3. 9. 1814 bestand das preußische Heer aus dem stehenden Heer, der sog. „Linie", der Landwehr und dem Landsturm. Während in der „Linie" der Hauptakzent eindeutig auf der kriegshandwerklichen Qualität lag, setzten sich in der Landwehr doch gewisse nicht auf den militärischen Bereich beschränkte Reformideen fest. Insbesondere verstanden sich Teile der Landwehr weniger als königliche Armee denn als Bürgerheer. Gegen dieses demokratische Bewußtsein wandte sich die politische Reaktion. Durch die „Verordnung über die Aufhebung der Isolierung der Landwehr" vom 29. 4. 1852 und die Kabinettsorder vom 23. 2. 1860 wurde die Landwehr — ohne daß man den Begriff „Landwehr" fallen gelassen hätte — in die Reserve-Infanterie-Regimenter der Linie eingegliedert[45]. Die allgemeine Wehrpflicht — dies zur Klarstellung — blieb jedoch bestehen, eine Tatsache, die darauf hinweist, daß nicht die Wehrform einer Armee den monarchistischen oder demokratischen Stempel aufdrückt, sondern daß letztlich die faktische Kontrolle und Macht über die Armee ihren Charakter prägt.

2.2.6. Kaiserreich 1871 - 1918

Schon in der Zeit des Norddeutschen Bundes (1866 - 1870) war die preußische Wehrverfassung auf die übrigen deutschen Länder nördlich des Mains ausgedehnt worden („Gesetz betreffend die Verpflichtung zum Kriegsdienste" vom 9. 11. 1867)[46]. 1868 hatte Bayern die Konsequenzen aus dem verlorenen Krieg gegen Preußen gezogen und seine Wehrverfassung der des Norddeutschen Bundes nachgebildet[47]. Die Bestim-

---

[42] Dazu *E. R. Huber*, Deutsche Verfassungsgeschichte seit 1789 I, S. 224: „Das, was man unter preußischen Militarismus zu nennen pflegt, beruhte im 19. Jahrhundert, der verfassungsgeschichtlichen Wurzel nach, nicht auf einem Sieg des militärischen Geistes über den zivilen Geist, sondern umgekehrt: auf einem Sieg der im zivilen Sektor erfolgreichen Restauration über die im militärischen Sektor vollzogene Reform."
[43] Ein in der Geschichte bis dato einzigartiger Vorgang. So bestand z. B. in der Antike ein unlösbarer Konnex zwischen Bürgerrecht und Wehrpflicht, s. etwa *Victor Ehrenberg*, Der Staat der Griechen, 2. Aufl., 1965, S. 98; *Delbrück* II, S. 168.
[44] *Hermann*, S. 203.
[45] *Hermann*, S. 209.
[46] Auszugsweise abgedruckt bei *Meier-Welcker*, S. 71/72.

mungen über das Kriegswesen des Norddeutschen Bundes wurden auch in die monarchisch-konstitutionelle Reichsverfassung vom 16. 4. 1871 übernommen[48], das Wehrpflichtgesetz vom 9. 11. 1867 auf das gesamte Reichsgebiet ausgedehnt[49]. Das Reichsheer bestand aus verschiedenen Länderkontigenten.

2.2.7. Weimarer Republik

Am 9. 11. 1918 wurde von Scheidemann die Republik proklamiert, am 11. 11. 1918 der Waffenstillstand von Compiègne vereinbart. Eine Nationalversammlung wurde ins Leben gerufen, die am 10. 2. 1919 eine Notverfassung verabschiedete. Darin wurde der künftige Staatsaufbau Deutschlands vorgezeichnet: eine Umwandlung vom Staatenbund zur zentralistisch orientierten Republik.

Diese unitarische Tendenz hatte eine fundamentale Änderung im Wehrwesen zur Folge. Mit dem Gesetz zur Bildung des vorläufigen Reichsheeres wurde am 6. 3. 1919 neben der Marine nun auch die Armee, also die gesamte Reichswehr, eine Reichsangelegenheit. Das aus Länderkontingenten zusammengesetzte Heer der Kaiserzeit wurde von einem reichsunmittelbaren Heer abgelöst. Daneben entschied sich die Nationalversammlung am 7. 4. 1919 eindeutig für die Beibehaltung der allgemeinen Wehrpflicht[50].

Am 10. 1. 1920 trat der Friedensvertrag von Versailles in Kraft, der fortan als Reichsgesetz galt. In ihm wurde die allgemeine Wehrpflicht abgeschafft (§ 1), die Umwandlung in ein Berufsheer bestimmt und die Stärke auf 100 000 Mann beim Heer und 15 000 Mann bei der Marine festgesetzt. Am 1. 1. 1921 war der Versailler Vertrag in diesen Punkten erfüllt. Das Wehrgesetz vom 23. 3. 1921 löste die gesetzlichen Bestimmungen vom 9. 11. 1867 ab.

Die Republik sah sich so von Anfang an mit einer ungewollten Wehrform konfrontiert. Häufig wird nun von jenen, die einen wesensimmanenten Konnex zwischen der allgemeinen Wehrpflicht und der Demokratie zu konstruieren versuchen, das Scheitern der Weimarer

---

[47] Zur Entwicklung in Österreich s. *Elmar Wienhöfer*, Das Militärwesen des Deutschen Bundes und das Ringen zwischen Österreich und Preußen um die Vorherrschaft in Deutschland 1815 - 1866, Osnabrück 1973, S. 18 ff.

[48] Zum außerordentlich komplizierten staatsrechtlichen Aufbau des neuen Deutschen Reiches s. etwa *F. Hartung*, Deutsche Verfassungsgeschichte, 1954, S. 280 ff.

[49] Zur Organisation des Reichsheeres s. im einzelnen *Meier-Welcker*, S. 75 ff.

[50] Dazu *Hermann*, S. 358: „Sie stellte folgerichtig die Wehrordnung zur Staatsform und gab als höchste parlamentarische Vertretung kraft des Selbstbestimmungsrechts der Nation souverän ihre Meinung kund, über die die Signatarmächte von Versailles dann ohne Skrupel hinweggingen."

Republik als Beweis ihrer Hypothese ins Feld geführt. Diese Art der Beweisführung hält jedoch einer näheren Überprüfung nicht stand:

a) Zum einen ist es rein spekulativ, wollte man bei unterstellter Beibehaltung der allgemeinen Wehrpflicht einen anderen Geschichtsverlauf annehmen. Zum anderen überschätzt man den verfassungsrechtlichen Spielraum der Reichswehr ganz erheblich, wenn man sie für das Scheitern der Republik verantwortlich macht. Letztlich tat sie genau das, was ihr rechtlich vorgeschrieben war, was man ihr gleichzeitig aber vorwirft: Sie verhielt sich im großen und ganzen politisch enthaltsam und putschte nicht, auch nicht, als Hitler auf legalem Wege[51] an die Macht kam.

b) Verhängnisvoll für die Entwicklung des geistigen Klimas innerhalb der Reichswehr war nicht die Abschaffung der allgemeinen Wehrpflicht, sondern das auf einer völlig veralteten soziologischen Ordnung basierende Auswahlprinzip, das bei der Zusammensetzung des Freiwilligenheeres der geänderten Verfassungs- und Gesellschaftssituation keinerlei Rechnung trug. So lag z. B. die Quote berücksichtigter adeliger Offiziersbewerber 1930/32 bei 35,9 %[52].

Als einzige Alternative hiergegen die allgemeine Wehrpflicht zu fordern, kommt einer rigorosen Schwarz-Weiß-Malerei gleich. Zwischen dieser Art der Zusammenstellung eines Freiwilligen-Heeres und der allgemeinen Wehrpflicht liegt nämlich eine breite Skala exekutiver und legislativer Möglichkeiten, eine pluralistische Strukturierung und eine demokratisch effiziente Kontrolle auch von Freiwilligenstreitkräften zu erreichen.

Der erzwungene Wechsel zum Freiwilligen-Heer der Weimarer Zeit ist auch insofern aufschlußreich, als sich an ihm verdeutlicht, worum es den Siegermächten vor allem ging: nicht um eine Schwächung der ohnedies auf tönernen Füßen stehenden demokratisch-republikanischen Staatsform, sondern um eine weitgehende Ausschaltung der militärischen Potenz des Deutschen Reiches[53]. Und gerade das war auch ein wesentlicher Grund, warum der größte Teil des deutschen Volkes den Versailler Vertrag als Schmach und nationale Schande empfand, und

---

[51] 30. Januar 1933: Regierung Adolf Hitler wird gebildet (ohne nationalsozialistische Mehrheit). 5. März 1933: Die Wahlen zum Reichstag ergeben eine knappe Mehrheit für die Regierung Hitler (44 % für die NSDAP), die zum preußischen Landtag eine beherrschende nationalsozialistische Mehrheit.

[52] Zur soziologischen Zusammensetzung der Offiziers-, Unteroffizierskorps und der Mannschaften s. *Hermann*, S. 368.

[53] s. Teil V Art. 160 Versailler Friedensvertrag: „Das Heer ist nur für die Erhaltung der Ordnung innerhalb des deutschen Gebietes und zur Grenzpolizei bestimmt", in: Dokumente der deutschen Politik und Geschichte von 1848 bis zur Gegenwart, Hrsg. *Joh. Hohlfeld*, Bd. 3, Nr. 10, S. 47.

nicht etwa der Gedanke, daß mit der allgemeinen Wehrpflicht ein Stück der ohnedies ungeliebten Demokratie verloren gegangen wäre.

2.2.8. Nationalsozialismus 1933 - 1945

Am 31. 1. 1927 war die Abrüstung des Reiches in allen vorgeschriebenen Punkten vollzogen[54]. Nachdem die Reichsregierung — 5 Jahre später (1932) — eine Verstärkung des Reichsheeres auf 150 000 Mann und die Wiederbewaffnung mit schwerer Artillerie und anderen verbotenen Waffen vorbereitet hatte[55], begann eine zügige Wiederaufrüstung vom Herbst 1933 an. Neben der massiv einsetzenden Sachrüstung[56] betrieb die NSDAP ihrem Programm gemäß von Anfang an die Wiedereinführung der allgemeinen Wehrpflicht. Am 21. 5. 1935 erließ die Reichsregierung das Wehrgesetz[57], das eine 27jährige Wehrpflicht als „Ehrendienst am Deutschen Volke" festlegte. Der Hinweis, daß Hitler und die NSDAP damit nicht eine Stärkung staatsbürgerlichen oder demokratischen Bewußtseins verfolgten, erübrigt sich. Die Wiederherstellung der allgemeinen Wehrpflicht war der personale Grundpfeiler der hektisch vorangetriebenen Rüstung. Sie ermöglichte zur Durchsetzung einer längerfristigen Macht- und Kriegspolitik den Zugriff auf ein im konventionellen Krieg nicht zu erschöpfendes Menschenreservoir. Man bedenke in diesem Zusammenhang nur, daß das deutsche Heer am Ende des 2. Weltkrieges trotz der Verluste von ca. 3 200 000 Soldaten immer noch — ohne die im Landkrieg eingesetzten Teile der Luftwaffe und Marine und ohne die Waffen-SS — eine Stärke von rund 5 300 000 Mann besaß[58]!

Parallel zur Personal- und Sachrüstung lief — nicht ohne Widerstand aus Führungskreisen der Wehrmacht — die politisch-ideologische Eingliederung[59] des Heeres in den NS-Staat, die sich bereits deutlich in der zweimaligen Abänderung der Eidesformel dokumentiert. Waren die Soldaten vor der Machtergreifung auf die Reichsverfassung vereidigt worden, so schworen sie nach der Machtergreifung zunächst auf Volk und Vaterland und ab dem 2. 8. 1934, dem Todestag des Reichspräsidenten von Hindenburg, auf den Führer Adolf Hitler[60].

---

[54] Wie Fußn. 53, Bd. 3, Nr. 34, S. 168/169.
[55] *Meier-Welcker*, S. 102.
[56] s. dazu den tabellarischen Überblick bei *Hermann*, S. 435 f.
[57] RGBl. 1935 I, S. 609.
[58] *Meier-Welcker*, S. 120.
[59] Die Wehrmacht besaß eine ideologisch nicht vollends gleichgeschaltete eigene Gerichts- und Disziplinarzuständigkeit. Dies veranlaßte beispielsweise den Kabarettisten Werner Finck sicherheitshalber freiwillig zur Wehrmacht zu gehen. (Dieses treffende Beispiel verdanke ich Klaus Köpp, Konstanz).
[60] Eidesformeln zit. z. B. bei *Hermann*, S. 454/455.

2.2.9. Die Wiederaufrüstung Westdeutschlands

2.2.9.1. Verlauf

Auf der Potsdamer Konferenz vom 17. Juli bis zum 2. August 1945 beschlossen die Siegermächte die vollständige Abrüstung und Entmilitarisierung Deutschlands. Am 17. 1. 1949 begann der „Alliierte Sicherheitsrat zur Überwachung der Entmilitarisierung in Westdeutschland" seine Tätigkeit. Jedoch schon ein Jahr später setzte die Diskussion um einen westdeutschen Verteidigungsbeitrag ein. Das auf vollständige „Entnazifizierung" ausgerichtete Re-Education-Konzept der westlichen Siegermächte schlug plötzlich um in ein Remilitarisierungsprogramm[61].

Auf die politischen und wirtschaftlichen Hintergründe dieses abrupten Wandels, den die deutsche Bevölkerung in dieser Radikalität nicht mitzuvollziehen vermochte, kann hier im einzelnen nicht eingegangen werden[62]. Hier seien aus der Fülle des vorhandenen Dokumentationsmaterials nur die militärhistorisch wichtigsten Daten auf dem Wege zur Wiederbewaffnung herausgegriffen:

23. 05. 1949   Das Bonner Grundgesetz tritt in Kraft. Es enthält keine Wehrverfassung, nur das Recht auf Kriegsdienstverweigerung (Art. 4 Abs. 3 GG), die Möglichkeit des Beitritts zu einem kollektiven Sicherheitssystem (Art. 24 Abs. 2 GG), sowie ein Verbot des Angriffskrieges (Art. 26 GG).

16. 12. 1949   Erste Debatte des Bundestages über einen deutschen Verteidigungsbeitrag. Alle Parteien lehnen eine Wiederaufrüstung ab[63].

26. 09. 1950   Der Ministerrat der NATO beschließt die Aufstellung einer gemeinsamen Armee, die stark genug ist, die Verteidigung Europas zu sichern. Es besteht Einigkeit, daß

---

[61] s. im einzelnen die Zeittafel zur Wiederbewaffnung Deutschlands, Anl. 3, in: Streitkräfte im geteilten Deutschland, Schriften des Studienzentrums für Ost-West-Probleme, hrsg. v. *Rudolf Riemer*, 1976, S. 99 ff.; s. auch *Fritz Kopp*, Chronik der Wiederbewaffnung in Deutschland, 1958, S. 25 ff.: Daten über Polizei und Bewaffnung in der BRD und der DDR 1945 - 1958 (in synoptischer Gegenüberstellung) und *Karl Bauer*, Deutsche Verteidigungspolitik 1947 bis 1967, Boppard/Rh. 1968.

[62] Zu den politischen Hintergründen s. *Alfred Grosser*, Deutschlandbilanz. Geschichte Deutschlands seit 1945, 1970; *Gustav W. Heinemann*, Verfehlte Deutschlandpolitik. Irreführung und Selbsttäuschung. Artikel und Reden, 1966; Zu den wirtschaftlichen Hintergründen s. z. B. *Wolfgang Benz*, Wirtschaftspolitik zwischen Demontage und Währungsreform, in: Westdeutschlands Weg zur Bundesrepublik 1945 - 1949, 1976, S. 69 f.; Zur Meinung der Bevölkerung: *Hans Karl Rupp*, Außerparlamentarische Opposition in der Ära Adenauer, 1970, S. 45 ff.

[63] Verhandlungen des Dt. BT, Sten. Berichte, Bd. 1, S. 733.

Deutschland einen Beitrag zum Aufbau der Verteidigung Westeuropas leisten soll.

16. 03. 1951 Verkündung des 1. Gesetzes über den Bundesgrenzschutz[64]. Vorläufige Stärke 10 000 Mann.

08. 02. 1952 Der Bundestag stimmt gegen die Stimmen der SPD einem deutschen Verteidigungsbeitrag grundsätzlich zu[65].

19. 03. 1953 Der Deutsche Bundestag verabschiedet mit einfacher Mehrheit den Deutschlandvertrag und den Vertrag über die Gründung der Europäischen Verteidigungsgemeinschaft (EVG)[66].

Wahlkampf
1953 vor allem über das Thema Wiederaufrüstung. Die Befürworter CDU und FDP erhalten eine ²/₃-Mehrheit.

26. 03. 1954 Verkündung des 4. Gesetzes zur Ergänzung des Grundgesetzes (1. Wehrergänzung)[67]. Bedeutsam vor allem die Änderung des Art. 73 Nr. 1 GG: Erweiterung der ausschließlichen Gesetzgebungskompetenz des Bundes auf den Sektor „Verteidigung", „einschließlich der Wehrpflicht für Männer vom vollendeten 18. Lebensjahr an ..."[68].

30. 08. 1954 Die Französische Nationalversammlung lehnt den EVG-Vertrag ab und bringt ihn somit zum Scheitern[69].

29. 01. 1955 Ratifizierung der Pariser Verträge.

05. 05. 1955 Inkrafttreten der Pariser Verträge und Proklamation der Souveränität der Bundesrepublik Deutschland.

09. 05. 1955 Die Bundesrepublik Deutschland wird als 15. Mitglied in die NATO aufgenommen.

06. 03. 1956 Der Deutsche Bundestag verabschiedet das 7. Gesetz zur Ergänzung des Grundgesetzes (2. Wehrergänzung)[70] und das Soldatengesetz[71].

---
[64] BGBl. I, S. 201.
[65] Verhandlungen des Dt. BT, Sten. Berichte, Bd. 10, S. 8242.
[66] Verhandlungen des Dt. BT, Sten. Berichte, Bd. 15, S. 12 363.
[67] BGBl. I, S. 45.
[68] Die Passage „einschließlich der Wehrpflicht ..." ist durch das Grundgesetz-Änderungsgesetz vom 24. 6. 1968 (BGBl. I, S. 709) aus Art. 73 Nr. 1 gestrichen und in den neuen Art. 12 a GG aufgenommen worden.
[69] Dazu im einzelnen: *Paul Noack*, Das Scheitern der Europäischen Verteidigungsgemeinschaft, 1977.
[70] BGBl. I, S. 111.
[71] BGBl. I, S. 114.

2.2. Historische Entwicklung der Wehrformen in Deutschland

07.07.1956 Der Deutsche Bundestag beschließt das Gesetz über die Einführung der allgemeinen Wehrpflicht für Männer zwischen dem 18. und 45. Lebensjahr[72].

30.05.1968 Der Deutsche Bundestag beschließt das 17. Gesetz zur Änderung des Grundgesetzes (Notstandsverfassung)[73].

Hatten die Siegermächte nach dem 1. Weltkrieg noch versucht, das Rad der globalen militärischen Entwicklung hin zur allgemeinen Wehrpflicht in Deutschland zurückzudrehen, so unterließen sie nach dem 2. Weltkrieg nach ihrer Entscheidung für eine Wiederaufrüstung Westdeutschlands diesen Versuch. Man kann als ein Fazit der geschichtlichen Entwicklung festhalten, daß die Levée en masse von 1793 das Zeitalter der Massenkriege einläutete, in dem wir uns nach wie vor befinden. Napoleon soll einmal gesagt haben, daß er es sich leisten könne, im Monat 30 000 Soldaten zu verbrauchen[74]. Weniger drastisch, aber sinngemäß durchaus auf der gleichen Linie liegend, drückte sich die Bundesregierung in ihrer Denkschrift zur Begründung der Wehrpflicht vom April 1956 aus: „Kleine Berufsheere ermöglichen es nicht, Reserven ausreichend und gut auszubilden. Im Falle eines Krieges können deshalb die Verluste der Kampftruppen nicht in kurzer Zeit ersetzt werden[75]." In der Zusammenfassung dieser Denkschrift kommt der Grund für die Wahl der Wehrform nochmals eindeutig zum Vorschein:

„2. Darüber hinaus müssen Reservisten voll, vielseitig und in möglichst großer Zahl ausgebildet werden, damit die Verluste mobiler Verbände im Falle eines Angriffs rasch mit vollwertigen Soldaten aufgefüllt werden können.

3. Ferner sind Reservisten notwendig, die in möglichst kurzer Zeit zu Unterstützungs- und Versorgungsverbänden zusammengefaßt werden können. Auch die spätere Aufstellung von Reserveverbänden muß ermöglicht werden.

4. Die bodenständige Verteidigung erfordert über den aktiven Stamm hinaus eine große Zahl von Reservisten...[76]."

Kein Wort von Demokratie, Demokratieadäquanz, staatsbürgerlichem Bewußtsein und ähnlichem. Diese Begriffe spielten erst später eine Rolle, nachdem die Entscheidung für die allgemeine Wehrpflicht gefal-

---

[72] BGBl. I, S. 651.
[73] BGBl. I, S. 709.
[74] Wie Fußn. 40, S. 36.
[75] In: Sicherheit der Bundesrepublik Deutschland, Dokumentation 1945 bis 1977, Teil II, Hrsg. *Klaus von Schubert* im Zusammenwirken mit der Bundeszentrale für Politische Bildung, 1978, S. 104 u. 105.
[76] Wie Fußn. 75, S. 105.

len war. Besonders die Begründer der „Inneren Führung" nahmen sich ihrer an, um eine aus rein militärischen Erwägungen resultierende Entscheidung nachträglich um eine demokratische Komponente zu bereichern oder gar den Anschein zu erwecken, als wären demokratische Erwägungen ausschlaggebend gewesen für die Einführung der allgemeinen Wehrpflicht.

2.2.9.2. Zur Struktur der Bundeswehr heute

In der Bundeswehr dienen heute rund 495 000 Mann. Davon sind nur 227 000 Mann Wehrpflichtige. Dies entspricht einem Anteil von 45,8 % gegenüber 54,2 % länger dienenden Freiwilligen (Berufssoldaten und Soldaten auf Zeit). Der Anteil von Wehrpflichtigen ist bei den Landstreitkräften und der Territorialverteidigung höher (51,3 % bzw. 47,6 %), bei Luftwaffe und Marine niedriger (35,4 % bzw. 28,2 %)[77]. Diese prozentuale Verteilung rechtfertigt es, bezüglich der Wehrform in der Bundesrepublik Deutschland von einem „Mischsystem" zu sprechen[78]. Angesichts der fortschreitenden Technisierung der Streitkräfte wird der Anteil der Wehrpflichtigen wohl eher noch weiter zurückgehen[79]. Dennoch wird die Wehrpflichtigen-Komponente vor allem im Hinblick auf die Masse der in diesen Prozentzahlen nicht erfaßten wehrpflichtigen Reservisten weiterhin als das dominierende Element der Bundeswehr zu betrachten sein.

2.3. Ergebnis

Als Ergebnis dieses historischen Überblicks kann festgehalten werden, daß sich eine besondere Affinität der Demokratie zur allgemeinen Wehrpflicht und umgekehrt aus der Geschichte nicht herleiten läßt. Die Staatsform als solche ist zur Wehrform neutral. Daß bei der Wahl der Wehrform militärische Erwägungen den Ausschlag geben, sei noch anhand eines aktuellen Beispiels demonstriert: In seiner dritten Rede zur Lage der Nation vor beiden Häusern des amerikanischen Kongresses sagte Präsident Carter: „Ich glaube, daß unsere Freiwilligen-Streitkräfte für unsere gegenwärtigen Verteidigungsbedürfnisse ausreichend sind. Ich hoffe, daß es nicht nötig sein wird, die Wehrpflicht wieder einzuführen. Aber wir müssen auf diese Möglichkeit vorberei-

---

[77] Aus „The Military Balance 1976 - 1977", London 1976, zit. in: Streitkräfte im geteilten Deutschland, Anlage 2, S. 93.

[78] s. Die Personalstruktur der Streitkräfte, Bericht der Personalstrukturkommission 1971, S. 183.

[79] Vgl. dazu die aktuelle Diskussion um die Schaffung zusätzlicher Unteroffiziers- und Feldwebelstellen im Zusammenhang mit der Besetzung der Kommandantenstellen im Kampfpanzer Leopard II.

2.3. Ergebnis

tet sein ...[80]." Anlaß zu diesen Äußerungen war nicht etwa das Bestreben, der Staatsform zur entsprechenden Wehrform zu verhelfen, sondern eine Revision der militärischen Leistungsfähigkeit angesichts des sowjetischen Einmarsches in Afghanistan.

---

[80] Zit. im Südkurier v. Freitag, 25. 1. 1980, S. 4.

2.4. Tabellarischer Überblick über die Entwicklung der Wehrformen in Deutschland

I. Zeit	II. Staatsform	III. Rechtslage		IV. Wehrform	
Germanische Zeit	Volkskönigstum	Keine schriftlichen Rechtsquellen. Sekundärquellen (Tacitus u. a.)	Allgemeine Wehrpflicht	*Heerbann*	Heergeleit
Fränkische Zeit		z. B. Karolingische Wehrpflichtskapitularien von 807 u. 811	Allgemeine Wehrpflicht	Allgemeine Wehrpflicht zur — Landesdefension — in Städten	*Vasallenheer*
Hochmittelalter		z. B. Constitutio de feudorum distractione von 1136	Lehnsrechtliche Gefolgschaftspflicht		
Spätmittelalter		z. B. Reichskriegssteuergesetz v. 1427.		Allgemeine Wehrpflicht zur — Landesdefension — in Städten	*Söldnerheer*
Frühe Neuzeit		Artikelsbrief Maximilian I v. 1508 Daneben in Geltung die Karoling. Wehrpflichtkapitularien	Söldnerrecht Allgemeine Wehrpflicht		
Absolutismus		Jus armorum (Westfälischer Friede): „Jüngster Reichsabschied von 1654 § 180 Preußen: Kantonreglement v. 1733	Kantonalsystem (Vorläufer der Allgemeinen Wehrpflicht mit systematischer Rekrutierung)	Allgemeine Wehrpflicht zur — Landesdefension — in Städten	*Stehendes Berufsheer*

2.4. Tabelle zur Entwicklung der Wehrformen in Deutschland

Französische Revolution / Napoleon. Zeit / Befreiungskriege	Absolute Monarchien	Preußen: 1. VO zur Einführung der Allgemeinen Wehrpflicht v. 9.2.1813 2. VOen zur Organisation des Landwehrrechts v. 17.3.1813 3. VO über den Landsturm v. 21.4.1813 4. Aufhebung der Allgemeinen Wehrpflicht v. 27.5.1814 5. Wehrgesetz v. 3.9.1819		*Allgemeine Wehrpflicht*	*Berufssoldaten*
Deutscher Bund 1815 – 1866		Grundzüge der Kriegsverfassung des Deutschen Bundes v. 9.4.1821	Nähere Bestimmungen v. 12.4.1821 11.7.1822		
	Konstitutionelle Monarchien	Verfassung des Deutschen Reiches v. 28.3.1849 Art. III §§ 11 – 19, Art. 137		Allgemeine Wehrpflicht	
Norddeutscher Bund 1866 – 1870		Verfassung des Norddeutschen Bundes v. 16.4.1867 Art. 3, 57	Wehrgesetz v. 9.11.1867	Allgemeine Wehrpflicht	*Allgemeine Wehrpflicht* *Berufssoldaten*
Kaiserreich 1871 – 1918		Reichsverfassung v. 16.4.1871 Art. 57, 59	Reichsmilitärgesetz v. 2.5.1874	Allgemeine Wehrpflicht	*Allgemeine Wehrpflicht* *Berufssoldaten*

Fortsetzung

I. Zeit	II. Staatsform	III. Rechtslage		IV. Wehrform	
Weimarer Republik 1919–1933	Demokratische Republik	Die Verfassung des Deutschen Reiches v. 11. 8. 1919 Art. 79, 133 (indifferent)	Gesetz über die Abschaffung der Allgemeinen Wehrpflicht v. 21. 8. 1920 Wehrgesetz v. 23. 3. 1921 Berufsheer	*Berufsheer*	
Nationalsozialismus 1933–1945	Führerstaat	Die Verfassung des Deutschen Reiches v. 11. 8. 1919 Art. 79, 133 (indifferent)	Wehrgesetz v. 21. 5. 1935 Allgemeine Wehrpflicht	*Allgemeine Wehrpflicht*	Berufssoldaten
Besatzungszeit bis 1949	—	—		—	—
Bundesrepublik Deutschland ab 1949	Demokratische Republik	Grundgesetz für die BRD v. 23. 5. 1949 (zunächst keine Wehrverfassung) 1. Wehrergänzung 1954 2. Wehrergänzung 1956 Notstandsgesetzgebung 1968 Art. 12 a GG	Wehrpflichtgesetz vom 21. 7. 1956 Allgemeine Wehrpflicht	*Allgemeine Wehrpflicht*	Berufssoldaten Soldaten auf Zeit

3. Würdebegriff des Grundgesetzes

3.1. Rechtsprechung

3.1.1. Bundesverfassungsgericht

Das Bundesverfassungsgericht bezeichnet die Würde des Menschen in mehreren Entscheidungen[1] als den „obersten Wert" des Grundgesetzes. Mit der der herrschenden Meinung entsprechenden Qualifizierung der Würde als Wert[2] zeigt es den Oberbegriff auf, durch die Beifügung „oberster" stellt es die Rangordnung gegenüber anderen Werten in der Verfassung fest. Eine darüber hinausgehende inhaltliche Abgrenzung[3] zu anderen Werten unterbleibt, so daß diese Aussage letztlich keine Definitionsformel, sondern lediglich eine Rangaussage darstellt.

Das Bundesverfassungsgericht definiert die Würde also nicht, konkretisiert aber den Begriff in seinen würdetangierenden Entscheidungen[4]. Die wichtigsten konkretisierenden Aussagen sind folgende:

Der Mensch ist als Würdeträger eine mit der Fähigkeit zu eigenverantwortlicher Lebensgestaltung begabte Persönlichkeit. Sein Verhalten kann daher nicht determiniert sein (BVerfGE 5, 204). Dem Menschen kommt als Würdeträger ein sozialer Wert und Achtungsanspruch zu. Es widerspricht der Menschenwürde, den Menschen zum bloßen Objekt im Staate zu machen (BVerfGE 27, 6 f.). Eine Verletzung der Menschenwürde kommt jedoch nur dann in Betracht, wenn die Behandlung als Objekt darüber hinaus „Ausdruck der Verachtung des Wertes, der dem Menschen kraft seines Personseins zukommt, also in diesem Sinne eine ‚verächtliche Behandlung' ist" (BVerfGE 30, 26). Ein Verstoß gegen die Menschenwürde liegt nicht vor, wenn der Bereich der sittlichen Per-

---

[1] BVerfGE 6, 32 (41); 12, 45 (53); 27, 1 (6) (Bezugnahme); 30, 173 (193); 32, 98 (108).

[2] a. A. *E. Stein*, Staatsrecht, S. 209; *Luhmann*, Grundrechte, S. 73, Fußn. 54; modifiziert *Giese*, Das Würdekonzept, besonders S. 63.

[3] Um als Definition im Sinne der klassisch-platonischen Definitionslehre gelten zu können, muß eine Aussage neben der Nennung des Oberbegriffs (genus proximum) die wesentlichen Unterscheidungsmerkmale gegenüber anderen Begriffen (differentia specifica) aufzeigen, vgl. dazu *Wilhelm K. Essler*, Wissenschaftstheorie I, S. 48.

[4] s. dazu die „synthetische Rekonstruktion" der Würdeaussagen des BVerfG bei *Giese*, Das Würdekonzept, S. 18 f.

sönlichkeit des Menschen nicht berührt ist (BVerfGE 9, 171). Alle staatliche Entscheidung hat den Eigenwert der Person zu achten und die Spannung zwischen Person und Gemeinschaft im Rahmen des auch dem einzelnen Zumutbaren auszugleichen (BVerfGE 5, 204 f.). Mit der Voranstellung des Grundrechtsabschnittes wollte das Grundgesetz den Vorrang des Menschen und seiner Würde gegenüber der Macht des Staates betonen (BVerfGE 7, 204).

3.1.2. BGH und BVerwG

Auch bei diesen Obergerichten sucht man vergeblich nach einer eindeutigen und umfassenden Inhaltsbestimmung des Würdebegriffs. Aussagen zur Würde stellen sich wie beim Bundesverfassungsgericht als konkretisierende Sätze dar, deren wichtigste in der Folge zusammengestellt werden:

Die Artikel 1 und 2 GG schützen das, was man die menschliche Personhaftigkeit nennt (BGHZ 26, 354). Das allgemeine Persönlichkeitsrecht beruht darauf, daß die Menschenwürde unantastbar ist (BGHZ 30, 10). Persönlichkeitsrechtliche Interessen müssen aber unter Umständen einem klar überwiegenden Interesse weichen (BGHZ 15, 261). Die Verletzung des inneren Persönlichkeitsbereiches, der der eigenverantwortlichen Selbstbestimmung des einzelnen untersteht, ist rechtlich dadurch gekennzeichnet, daß sie immaterielle Schäden erzeugt, die sich in einer Persönlichkeitsminderung ausdrücken (BGHZ 26, 354). Das Sozialhilferecht konkretisiert die Pflicht des Staates zum Schutz der Menschenwürde und damit zugleich die Sozialpflichtigkeit des Staates, wie sie sich aus Art. 20 GG ergibt. Die Sozialhilfe soll eine Hilfsbedürftigkeit beseitigen, deren Fortbestehen die Menschenwürde des Hilfesuchenden verletzen würde (BVerwGE 23, 153). Wenn dem Staat der Schutz der Menschenwürde anvertraut ist, so kann die Fürsorge nicht mehr als polizeiliche Armenpflege verstanden werden. Sie ist Teil der der staatlichen Gewalt aufgegebenen aktiven Sozialgestaltung (BVerwGE 27, 63).

3.2. Literatur zum Würdebegriff

3.2.1. Wichtige Beiträge zur Würdediskussion in historischer Abfolge

Eine grundlegende Arbeit, die für manch nachfolgenden Würdebeitrag Pate stand, war *Dürigs* 1952 publizierter Aufsatz: „Die Menschenauffassung des Grundgesetzes"[5]. Danach ist die Würde ein Wert,

---
[5] In: JR 1952, S. 259 ff. (in der Folge zit.: *Dürig* 1952).

3.2. Literatur zum Würdebegriff

der einen Wertträger, den Menschen, voraussetzt. Die Aussage, daß dem Menschen unantastbare Würde zukomme, sei deshalb eine Aussage über den Menschen. Aus diesem Grunde müsse zur Erhellung des Würdebegriffs das Menschenbild des Grundgesetzes untersucht werden. „Mensch" im Sinne des Grundgesetzes enthält nach Dürig immanent die Begriffe „Person" und „Persönlichkeit". Diese Begriffe ihrerseits seien bewußt oder unbewußt aus der christlichen Lehre rezipiert worden[6]. „Person" ist „ein ontologischer Seinsgehalt, ‚Persönlichkeit' dagegen ein axiologischer Wertgehalt".

Dürig stellt fest, daß Person und Persönlichkeit untrennbar miteinander verknüpft sind. Die Person steht nicht isoliert im Raum, sondern bereits wesensmäßig in Beziehung zu Werten, zum „Du" Gottes, des Mitmenschen, zum „Wir" der Gemeinschaft. „Bejaht die Person aus innerer Freiheit diese Werte, dann reift die Person zur ‚Persönlichkeit'. Letztlich gelangt Dürig zu einer Gleichsetzung von Würde und Persönlichkeit: „Würde haben, heißt Persönlichkeit sein. Aber Persönlichkeitsein und in Ganzheitsverbindung stehen, Persönlichkeitsein und dem Gemeinwohl dienen, sind ein und dasselbe[7]."

An wesentlichen Aussage-Elementen läßt sich festhalten:
1. die Betrachtung der Würde als Wert
2. der Konkretisierungsansatz am Begriff „Mensch"
3. die Verknüpfung der Begriffe Würde und Mensch mit den christlichen Begriffen „Person" und „Persönlichkeit"
4. die aus dem Personbegriff folgende soziale Verantwortlichkeit des menschlichen Individuums[8].

Auf die Frage der Grundrechtsqualität des Artikels 1 Abs. 1 GG geht Dürig in diesem Aufsatz noch nicht ein. Diese Problematik dringt erst ins allgemeine Rechtsbewußtsein durch *Nipperdeys* 1954 veröffentlichte Arbeit „Die Würde des Menschen"[9].

Die dort getroffenen wesentlichen Aussagen lassen sich — soweit sie hier von Interesse sind[10] — wie folgt zusammenfassen:

---

[6] *Dürig* 1952, S. 260 m. w. N.

[7] *Dürig* 1952, S. 261.

[8] Diese nach Dürig aus dem Personbegriff folgende Verantwortlichkeit des einzelnen war möglicherweise für *Georg Krauß* Anlaß, aus Art. 1 Abs. 1 GG das Recht des Staates herzuleiten, seinen Bürgern die allgemeine Wehrpflicht abzuverlangen, in DÖV 1953, S. 597 f.

[9] In: Die Grundrechte, Handbuch II, S. 1 ff. (in der Folge zit.: *Nipperdey*).

[10] Auf die ebenfalls bedeutsamen, die Entwicklung von Rspr. und Lit. nachhaltig beeinflussenden Ausführungen *Nipperdeys* zu den privatrechtlichen Auswirkungen des Art. 1 Abs. 1 GG (S. 35 ff.) braucht im Rahmen dieser Arbeit nicht eingegangen zu werden.

1. Der Begriff der Würde bedarf keiner weiteren juristischen Interpretation[11],
2. Die Würde ist die Wesenheit, die ideelle Substanz des Menschen[12],
3. Der in Art. 1 Abs. 1 GG niedergelegte Grundsatz ist naturrechtliches, vorstaatliches, überpositives Recht[13],
4. Art. 1 Abs. 1 GG schützt den Menschen in seinem statischen Dasein, während Art. 2 Abs. 1 GG die Dynamik des einzelnen garantiert[14],
5. Art. 1 Abs. 1 GG ist ein „elementares Grundrecht", das „materielle Hauptgrundrecht"[15].

Während Nipperdey 1954 noch auf eine überwiegende Anzahl von Vertretern verweisen konnte, die dem Art. 1 Abs. 1 Grundrechtsqualität zusprechen[16], hat sich mittlerweile der Meinungsschwerpunkt auf die Verneinung der Grundrechtsqualität von Art. 1 Abs. 1 GG verlagert[17]. Initial für diesen Umschwung dürfte die 1956 erschienene Arbeit Dürigs „Der Grundrechtssatz von der Menschenwürde"[18] gewesen sein. Dort legt er dar,

1. daß der sittliche Wert der Menschenwürde durch die Übernahme in das positive Vertragswerk ein Rechtswert geworden sei, dessen rechtliche Erfassung positivrechtliches Gebot sei[19],
2. daß die Würde auf Grund der Formulierung in Art. 1 Abs. 1 GG als etwas immer Seiendes, immer Vorhandenes gedacht sei, der Wertanspruch des Wertträgers daher nicht auf Verschaffung, sondern nur auf Nichtantastung und Schutz gerichtet sein könne[20],
3. daß der umfassende Anspruch des Absatzes 1 durch Absatz 2 in einzelne „Menschenrechte" („darum") aufgelöst werde und erst Absatz 3 die entscheidende Grundrechtsaktualisierungsnorm darstelle und die verfassungsrechtlichen Anspruchsgegner der Einzelrechte bestimme[21],
4. daß Art. 1 Abs. 1 GG somit nach Wortlaut und Systematik des Grundgesetzes den Charakter eines „obersten Konstitutionsprin-

---

[11] Nipperdey, S. 1.
[12] Nipperdey, S. 2. u. 5.
[13] Nipperdey, S. 2.
[14] Nipperdey, S. 15.
[15] Nipperdey, S. 2, mit eingehender Begründung S. 11 - 16.
[16] Nipperdey, S. 12 in Fußn. 22.
[17] s. Dürig in Maunz / Dürig / Herzog, Art. 1 Abs. 1, Rdnr. 4.
[18] In: AöR 81, 117 ff. (in der Folge zit.: Dürig 1956).
[19] Dürig 1956, S. 117.
[20] Dürig 1956, S. 117/118.
[21] Dürig 1956, S. 120.

zips"[22] allen objektiven Rechts besitze, welches zu Gunsten der einzelnen Rechtsträger schrittweise realisiert werde[23].

In dieser Menschenauffassung sind — so Dürig — zwei Teilgegebenheiten enthalten, denen in Art. 2 Abs. 1 und Art. 3 GG, den sog. „Hauptgrundrechten", Rechnung getragen wird. Eine solchermaßen für alle Menschen gleich gedachte Freiheit zur Selbst- und Umweltgestaltung ist denknotwendig eine abstrakte Freiheit, d. h. eine Freiheit als solche, die „dem Mensch an sich" eigen ist.

„Der allgemein menschliche Eigenwert der Würde kann somit von vornherein nicht in der jederzeitigen, gleichen Verwirklichung beim konkreten Menschen bestehen, sondern in der gleichen abstrakten Möglichkeit (potentiellen Fähigkeit) zur Verwirklichung[24]." Aus dieser potentiellen Anlage folgt nach Dürig, daß der menschliche Eigenwert „auch als vorhanden zu denken"[24] ist, wenn ein konkreter Mensch die Eigenschaft der Selbst- und Lebensgestaltung von vornherein nicht hat (etwa der Geisteskranke), wenn er sie mißbraucht (z. B. der Verbrecher), mit einem Angriff auf seine Freiheitsfähigkeit einverstanden ist (z. B. durch Verabreichung von Wahrheitsdrogen).

Wertenbruch, der sich in seiner 1958 erschienenen Arbeit über Grundgesetz und Menschenwürde[25] zunächst weitgehend im Rahmen herkömmlich juristischer Dogmatik bewegt, dann aber theologische und philosophische Erkenntnisse in seine Arbeit miteinbezieht[26], beginnt seine Untersuchung mit einem Versuch der Wortinterpretation und folgert aus der Verbindung der Begriffe „Würde" und „Mensch" in Art. 1 Abs. 1 S. 1 GG, daß unter „Mensch" ein *Seins*verhalt (im Gegensatz zu Tier, Pflanze usw.) zu verstehen sei, unter „Würde" dagegen „ein an das Sein anknüpfender *Sonder*wert"[27]. Um diesen „Sonderwert" inhaltlich näher zu bestimmen, versucht er in einem weiteren Schritt der Grundvorstellung des Verfassungsgebers durch das klassische Mittel der systematischen Interpretation näherzukommen. Dabei untersucht er materielle und formelle Verfassungsnormen in und außerhalb des Grundrechtskatalogs, soweit sie die Würde des Menschen „augenscheinlich zu tangieren imstande sind"[28].

---

[22] Unter Hinweis auf *Wintrich*, der diesen Ausdruck geprägt hat (in: Recht, Staat, Wirtschaft, 4. Bd. 1953, S. 139 ff.).
[23] *Dürig* 1956, S. 119.
[24] *Dürig* 1956, S. 125.
[25] *Wilhelm Wertenbruch*, Grundgesetz und Menschenwürde, 1958 (zit.: *Wertenbruch*).
[26] Zur methodologischen Begründung, *Wertenbruch*, S. 183 ff.
[27] *Wertenbruch*, S. 24.
[28] *Wertenbruch*, S. 39.

Die Kernfrage, ob der Mensch als Person, d. h. als ursprünglicher Rechtsträger mit vorgegebenen, aus seinem personalen Status *notwendig* zu folgernden Rechten ausgestattet ist, hält Wertenbruch ohne Hinzuziehung der „Leitsätze" (Präambel und Art. 1 und 2 GG) für nicht beantwortbar[29]. Zweifel an einer derartigen Vorgegebenheit entstünden vor allem deshalb, weil der Staat im — den Leitsätzen nachgeordneten — Grundrechtsbereich „Reservate" für sich in Anspruch nimmt, die diesem Status zu widersprechen scheinen. Als markantes Beispiel führt Wertenbruch dabei — möglicherweise im Hinblick auf Art. 2 Abs. 2 S. 1 und Art. 12 a GG — an, daß selbst das Recht auf Leben nur im Prinzip anerkannt sei, und auch Art. 19 Abs. 2 GG den Menschen insofern nicht vor dem „Totalverlust seiner Rechte" bewahren könne[29]. In den Leitsätzen erblickt Wertenbruch ein Bekenntnis des Verfassungsgebers zu einer „vorgegebenen, alles erfassenden göttlichen Wertordnung"[30]. Daher bezeichnet er die „Leitsätze" auch als „theonomen" Gesetzesteil im Gegensatz zu den nachfolgenden „autonomen" Verfassungsnormen. Zwischen diesen beiden Bereichen müsse eine provisorische, d. h. der zukünftigen Entwicklung dienende Brücke gebaut werden, welche die Klärung des Gesetzesbegriffes „Menschenwürde" erleichtere und die Praktikabilität des Begriffes erhöhe. Letztlich aber müsse die durch die Schaffung dieser beiden Bereiche entstandene „Uneinheitlichkeit" des Grundgesetzes überwunden werden, und zwar — im Sinne des Verfassungsgebers — durch Beeinflussung von oben, d. h. von den Leitsätzen her. Dabei rät Wertenbruch zur Behutsamkeit, um das „rational wohl ausgewogene Prinzipienspiel" der Normen des autonomen Teils nicht in Gefahr zu bringen[31].

Abgelöst vom zugehörigen Sein kann — so Wertenbruch[32] — ein Wert nur subjektiv-intuitiv erfaßt werden, weshalb auf Grund einer derart vom Wertträger isolierten Betrachtungsweise keine unbestreitbaren, erst recht keine ein für alle Mal festliegenden Folgerungen möglich sind. „Würde" stehe aber sowohl in der Norm des Art. 1 Abs. 1 GG als auch außerhalb des normativen Bereichs im Zusammenhang mit dem Begriff des „Menschen". Wenn es nun gelänge, ein den Begriff „Mensch" mehr oder weniger ausschöpfendes Sein zu erkennen und gleichzeitig den zugehörigen menschenspezifischen Wert zu erfassen, so erhielte man damit eine gedanklich mehr abgesicherte, auch rechtlich beachtliche Begriffsbestimmung[33]. Zu diesem Zweck führt Werten-

---
[29] *Wertenbruch*, S. 118. s. auch *Dürig* in Maunz / Dürig / Herzog, Art. 2 Abs. 2 Rdn. 19/20.
[30] *Wertenbruch*, S. 160.
[31] *Wertenbruch*, S. 161, 167 ff. u. 182.
[32] So weitgehend auch die traditionelle Philosophie; s. etwa *Johannes Hessen*, Lehrbuch der Philosophie, Bd. 2 Wertlehre, S. 23 ff.

3.2. Literatur zum Würdebegriff

bruch die Begriffe „Individuum", „Verantwortung" und „Person" ein[34]. Er weist nach, daß die Aussage: „Der Mensch ist ein Individuum", das Mensch-Sein nicht hinreichend bestimmt, da Individualität im Sinne einer auf mehr oder weniger äußeren Merkmalen beruhenden Sonderheit auch im Tier- und Pflanzenreich zu finden sei. Individualität könne allenfalls im Zusammenhang mit anderen, das Tier überhöhenden Merkmalen über das Wesen des Menschen etwas Entscheidendes aussagen[35]. Als menschenspezifische Eigenschaft erweise sich jedoch die in der Präambel ausgesprochene „Verantwortung vor Gott und den Menschen". Verantwortung setze nämlich eine natürliche Entscheidungs*freiheit* voraus, die selbst bei den Primaten unter den Tieren nicht beobachtbar ist. Durch die Verbindung des Begriffs „Verantwortung" mit den Begriffen „Gott" und „Mensch(en)" zeige sich schließlich, daß in der theonomen Spitze des Grundgesetzes der traditionelle Boden eines „humanitären Individualismus" längst verlassen worden sei. Statt dessen erkenne man hier einen Einschlag „*personenhafter* Haltung"[36]. Dieser „personale Keim" im Grundgesetz habe sich jedoch noch nicht durchzusetzen vermocht. „Nach noch herrschender Ansicht" beinhalteten die Leitsätze nämlich nur Richtpunkte, die man von *unten* her, also vom Konkreten, im Auge zu behalten versuche[37].

Nach heutiger Grundrechtspraxis entscheidet über die Vorrangigkeit dieses oder jenes Verfassungsprinzips die *Situation*. Der Mensch kann nicht in allen Situationen seine Natur behaupten und bestätigen, sondern hat sich „grundsätzlich dem Faktum zu beugen, wenn auch nur bis zur Grenze eines für ihn gerade noch so eben tragbaren ‚Substanzkerns'"[38]. Dieses „Faktum" bleibt solange das beherrschende Moment, als die „vorgegebene" Ordnung nicht theonom begründet wird. Bis dahin sei es letztlich auch gleichgültig, „ob die causa der ‚Würde des Menschen' in der Staatsprominenz oder in einem anderen Faktum zu suchen ist, als dessen bloßer ‚Transformator' und Vollstrecker nunmehr die staatliche Gewalt fungiert"[39].

---

[33] Dabei sei ein Ausweichen auf eine metaphysisch-ethische Ebene unter gleichzeitigem Abrücken von positivistischen Rückschlüssen erforderlich, da die Würde des Menschen nicht die Folge der Grundrechte, sondern — weithin anerkannt — ihr verfassungsrechtlicher *Grund* sei, Wertenbruch, S. 171.
[34] *Wertenbruch*, S. 170 ff.
[35] *Wertenbruch*, S. 172.
[36] *Wertenbruch*, S. 173 unter Bezug auf *Th. Maunz*, Staatsrecht, S. 89; Ziff. II, 1 und *von Mangoldt / Klein*, Vorbem. B IV, 1; zu Art. 1, Anm. III, 1 a und III, 3 b. Diesen Überlegungen *Wertenbruchs* liegt wie jenen *Dürigs* ein Personbegriff im Sinne der christlich-naturrechtlichen Lehre zugrunde, s. S. 10.
[37] *Wertenbruch*, S. 174.
[38] *Wertenbruch*, S. 176, vgl. aber oben, wo *Wertenbruch* von der Möglichkeit des „Totalverlusts" der Rechte spricht (S. 32).
[39] *Wertenbruch*, S. 177.

Der Wert des Menschen überhöht den Wert des Staates nur, soweit der Staat kraft positiven Rechts verpflichtet ist, die Würde des Menschen als oberste Richtschnur seines staatlichen Handelns zu achten und zu schützen. Demgemäß kann staatliche Willkür erst vorliegen, wo das Staatsorgan ein Opfer verlangt, welches die Situation nicht gebietet[40]. Faktische Umstände — und das sind primär politische Gegebenheiten mannigfaltiger Art —, stellen das einzig zwingende „Reale" dar. Das Individuum erscheint daher nach wie vor als „existentiell geworfen"[41], dem Zufall überantwortet. Die Würde des Menschen bleibt daher ein relativer Wert, „der gleichsam konjunkturell hoch sein oder auch auf ein Wertminimum absinken kann. Selbst grundlegendste ‚Prinzipien' können diese Politisierung der menschlichen Existenz nicht verhindern; mit anderen Worten: die Wertrelativität muß noch immer als im Grunde irreparabel bezeichnet werden"[42].

Die praktizierte Relativierung der Würde zeigt, daß man dem Menschen (positivistisch) eine äußere, variable Respekts-Würde zuerkennt, daß man gleichzeitig aber die Frage nach dem inneren Wert, der diese Respekts-Würde hinlänglich begründen könnte, weitgehend übersieht oder verdrängt[41]. Demnach ist die Würde auf der Basis praktizierten Verfassungsverständnisses „der äußere Respekts-Wert jedes einzelnen Menschen, der allen Menschen gleichermaßen auf Grund der jeweiligen Situation ‚vor dem Gesetz' zuzuerkennen ist, dessen Achtung und Sicherung jeder einzelne daher zunächst vom Staat als dem Schöpfer und Hüter der Gesetzesordnung, ..."[43] jederzeit verlangen kann"[44]. Die Entwicklung müsse jedoch dahin verlaufen, daß nicht nur diese Respekts-Würde von Fall zu Fall geachtet werde, sondern daß eine mit der personalen Struktur des Menschen verbundene innere Würde absoluten Vorrang genieße. Diese „innere Würde" sei nämlich absolut und beruhe ebenso wie die „Respekts-Würde" nicht auf einer staatlichen, positivrechtlichen Anerkennung[45].

An Neuerungen gegenüber früheren Würdebeiträgen lassen sich folgende Essentialien festhalten:

---

[40] Vgl. auch *Giese*, Das Würdekonzept, S. 63: „Der Marktmechanismus der Werte macht es sinnlos, Würde als obersten Wert zu deklarieren."
[41] *Wertenbruch*, S. 179 in der existentialontologischen Terminologie Martin Heideggers.
[42] Vgl. auch die Schleyer-Entscheidung des BVerfG in NJW 19777, 2255; s. auch *Denninger*, Staatsrecht 1, S. 19, der darauf hinweist, daß die Menschenwürde als höchster Rechtswert nur „verbaliter" anerkannt sei.
[43] Die nicht zitierte Passage bezieht sich auf die hier nicht relevante Drittwirkung des Art. 1 GG.
[44] *Wertenbruch*, S. 180.
[45] *Wertenbruch*, S. 209; diese Meinung wird auch in den Reihen des Zweiten Vatikanums verfochten, s. *René Marcic*, Ein neuer Aspekt der Menschenwürde, in: Festgabe für Ernst von Hippel, 1965, S. 202.

3.2. Literatur zum Würdebegriff

1. Die Würde ist ein an das Sein anknüpfender *Sonder*wert.
2. Die Verfassung besteht aus einem „theonomen" und einem „autonomen" Gesetzesteil.
3. Zur inhaltlichen Interpretation des Würdebegriffs muß der theonome Teil bemüht werden.
4. Die Würde besteht aus einer äußeren Respekts-Würde und einer inneren Würde.
5. Die Würde wird faktisch von Situation zu Situation relativiert.
6. Es ist verfassungsrechtliches Gebot, die Entwicklung in Staat und Gesellschaft dahin zu steuern, daß die innere Würde am Ende dieser Entwicklung absoluten Vorrang vor sonstigen Werten genießt.

Aus dem Jahre 1965 datiert der erste groß angelegte Versuch, dem Würdebegriff nicht aus werttheoretischer Sicht, sondern mit Hilfe eines sozialwissenschaftlich orientierten Lösungsansatzes beizukommen. *Luhmann*[46] legt dabei den Schwerpunkt seines Bemühens nicht auf die Frage, was der Mensch *ist*, sondern auf die Frage, was der Mensch *wird*. Weniger dem statischen als dem dynamischen Persönlichkeitselement widmet er seine Aufmerksamkeit[47]. Dies führt zu einer funktionalen, nicht aber substantiellen Begriffsbestimmung: Würde bezeichnet (zusammen mit der Freiheit) eine Grundbedingung des Gelingens der Selbstdarstellung eines Menschen als individuelle Persönlichkeit. „Als Organismus ist der Mensch schon Individuum (weil er System zur Umwelt in einem Verhältnis relativ unabhängiger Variabilität existiert) — aber nur individuelles Objekt. Selbstbewußte Individualität gewinnt er nur dadurch, daß er sich als Interaktionspartner ‚selbst darstellt', und zwar konsequent, erwartbar, zuverlässig"[48]. Insofern ist „Würde" „ein Wunschbegriff, der die gelungene Selbstdarstellung bezeichnet"[49]. Selbstdarstellung ist jener Vorgang, der den Menschen in Kommunikation mit anderen zur Person werden läßt und ihn damit in seiner Menschlichkeit konstituiert[50]. Ohne Erfolg in der Selbstdarstellung, ohne Würde, kann er seine Persönlichkeit nicht benutzen. Ist er zu einer ausreichenden Selbstdarstellung nicht in der Lage, scheidet er als Kommunikationspartner aus. Die natürliche

---
[46] *Luhmann*, Grundrechte, 2. Aufl., 1965 (zit.: *Luhmann*).

[47] Die Beschränkung auf das Funktionale begründet er mit dem Hinweis auf die weitgehend ungeklärten und umstrittenen Probleme innerhalb und zwischen den einzelnen psychologischen Persönlichkeitstheorien, ohne deren Hinzuziehung er aber eine Klärung des Würdebegriffs im statischen Persönlichkeitsbereich offensichtlich für unmöglich hält (S. 61, insbesondere Fußn. 24).

[48] *Luhmann*, S. 61.

[49] *Luhmann*, S. 68.

[50] Insofern befindet sich *Luhmann* also in Konsens mit Dürig und Wertenbruch.

Reaktion auf eigenen Würdeverlust ist, daß der Betroffene „seine Persönlichkeit aus dem Verkehr zieht"[51].

Seine Würde hat der Mensch in erster Linie selbst zu verantworten. „Da gerade diese Verantwortung die Würde *ist*, können ihr direkte Angriffe zumeist nichts anhaben. Es ist deshalb falsch, schon in Handlungen, die Ausdruck einer Mißachtung sind, eine Verletzung der Menschenwürde zu erblicken. Eine solche liegt nur vor, wenn der respektlos Behandelte dadurch in Korrespondenzrollen gezwungen wird, die er mit einer achtungswürdigen Selbstdarstellung nicht vereinbaren kann; ferner natürlich bei allen Eingriffen in die private Regie der Selbstdarstellung, z. B. durch unerlaubte Veröffentlichung privater Aufzeichnungen ... Die herrschende Meinung, die Würde als objektiven Wert auffaßt, kann diesen Unterschied nicht machen[52]."

Grundlegend neu an der *Luhmann*schen Methode ist das bewußte[53] Ansetzen am sozial-dynamischen Element der Würde, die Ablehnung der werttheoretischen Ansätze und die Reduzierung der Verletzungsmöglichkeit auf Fälle, in denen der respektlos Behandelte in Selbstdarstellung verhindernde Korrespondenzrollen gedrängt wird.

Eine wiederum werttheoretisch angelegte Arbeit ist *Maihofers* Schrift „Rechtsstaat und menschliche Würde" aus dem Jahre 1968. Er setzt sich darin das Ziel, einen „Beitrag zur Interpretation des Begriffs Menschenwürde zu leisten"[54]. Er verzichtet von vornherein auf einen Versuch einer inhaltlichen Totalbestimmung und beschränkt sich auf eine Ausdeutung der Würde, die sich vor allem „in Grenzsituationen ihrer äußersten Infragestellung als Faktum erweist"[55]. Eine Antastung der Würde liegt nach seiner Meinung dann vor, wenn der einzelne vom Anderen überwältigt wird und damit die Basis des Vertrauens in die prinzipielle Personalität seines Selbst verliert und wenn zur Unfähigkeit eigener Gegenwehr das Moment des von anderen Verlassenseins hinzukommt. Würdeverletzung ist daher nach Maihofer Zerstörung von Personalität plus Zerstörung von Solidarität. Menschenunwürdig behandelt fühlen wir uns, „wo der Andere mit uns ‚verfährt', wie er will, mit uns ‚macht', was ihm ‚beliebt', dort also, wo die prinzipielle Unverfügbarkeit meiner Selbst für den Anderen (Personalität) und

---

[51] *Luhmann*, S. 69.
[52] *Luhmann*, S. 73 Fußn. 54.
[53] Unbewußt beschäftigen sich letztlich alle Autoren und Gerichte mit diesem dynamischen Element der Würde, indem sie sich nach gescheiterten oder von vornherein unterlassenen Definitionsversuchen mit der Frage auseinandersetzen, was Würde bewirkt.
[54] W. *Maihofer*, Rechtsstaat und menschliche Würde, 1968, S. 10 (zit.: *Maihofer*).
[55] *Maihofer*, S. 11.

3.2. Literatur zum Würdebegriff

zugleich der Glaube an die prinzipielle Hilfsbereitschaft der Anderen gegen mich Selbst (Solidarität) beseitigt wird"[56].

Bis auf kleine Nuancen dem Würdeverständnis Luhmanns angepaßt ist die Würdeauffassung *Bernhard Gieses*. Eine Auseinandersetzung mit seiner 1975 erschienenen Arbeit[57] ist daher weniger wegen seiner materiellen Aussagen zur Würde erforderlich, als vielmehr wegen seiner nach Antwort verlangenden wissenschaftstheoretischen Ausführungen im Zusammenhang mit seiner Konkretisierung des Würdebegriffs. Wie Luhmann versucht er dem Begriff über eine „norm-funktionale Explikation"[58] beizukommen, verzichtet aber — anders als Luhmann — ausdrücklich auf eine Definition, obwohl er eine solche für möglich hielte[59]. Sein Verzicht resultiert aus der methodischen Reflexion, daß Definitionen stets ein kritik- und alternativfeindlicher Wahrheitsanspruch anhafte. „Der Begriff im Wettbewerb" dagegen unterlasse den Versuch des Durchgriffs auf Gerechtigkeit und Wahrheit und bleibe entwicklungsoffen[60].

Den Satz: „Die Würde ist ein Wert" bezeichnet Giese als leerformelhaft[61]. Die Würde als den *obersten* Wert zu deklarieren sei insofern sinnlos und unrealistisch, als Würde als Argument der Rechtsprechung nur manchmal die Rechtslage verändere, oft genug aber ohne verändernden Einfluß bleibe[62]. „Alles hängt von dem Konsens ab, wann die Dringlichkeit des Würdearguments gegenüber anderen die Oberhand behält, und dafür genügt es eben nicht, Würde Wert zu nennen[63]." Einen Ausweg aus der Leerformelhaftigkeit sieht Giese im Anschluß an Luhmann im „Verständnis der Würde als gelingende Selbstdarstellung"[64]. Unter der Prämisse, daß sich Würdeverletzungen in der Regel im Rahmen von Kommunikationsprozessen ereignen, stellt er fest: „Eine Würdeverletzung durch die staatliche Gewalt liegt vor,

---

[56] *Maihofer*, S. 15/16.
[57] *Giese*, Das Würdekonzept des Grundgesetzes (zit.: *Giese*).
[58] Zum Wesen der Explikation s. etwa: *F. v. Kutschera / A. Breitkopf*, Einführung in die moderne Logik, 2. Aufl., Sept. 1971, S. 144.
[59] *Giese*, S. 12.
[60] *Giese*, S. 13.
[61] So schon *E. Denninger*, Staatsrecht 1, S. 25: „Leitbilder', wie die Unantastbarkeit der Menschenwürde ... sind Leerformeln, die als solche nicht die normative Kraft besitzen (können), in der Komplexität der Situationen, in der soziale Konflikte (und nicht allein solche zwischen Staatsgewalt und einzelnen) sich heute in einer hochindustrialisierten Gesellschaft normalerweise präsentieren, als Richtschnur zur Abgrenzung der konfligierenden Interessensphären zu dienen."
[62] So schon *Wertenbruch*, S. 22.
[63] m. E. zu ergänzen: den obersten, *Giese*, S. 63; vgl. dazu *Hesses* Lehre von der praktischen Konkordanz, Verfassungsrecht, S. 28 f., 134 f., 138 f.
[64] *Giese*, S. 63 ff. i. B. S. 65/66.

wenn würdewidrige Kommunikation eine verfahrensverstrickte Person in ihrem Recht auf unbeeinträchtigte Selbstdarstellung verletzt[65] und dem Verletzten Würdeeigenverantwortung unverfügbar ist", wobei er Würdewidrigkeit dann annimmt, „wenn die Würdelosigkeit der Kommunikation dem staatlichen Kommunikationspartner als Fehler (nicht als Verschulden) zuzurechnen" ist[66]. Funktion der Würdenorm sei es daher, „die Zivilisiertheit des Kommunikationsstils sicherzustellen und würdelose Kommunikationen in ihrer Relevanz, nicht aber den Partner pauschal zu disqualifizieren"[67]. Im Zusammenhang mit dem Grundrecht auf Kriegsdienstverweigerung in Art. 4 Abs. 3 GG stellt er fest, der sicherste Würdeschutz bestehe darin, von vornherein keine Kommunikationsprozesse zu normieren, die notwendig würdeverletzend seien, sondern präventiv Alternativen bereitzustellen, die die Entstehung von Selbstdarstellungsnöten vermeiden[68].

Gerade im Hinblick auf die ausgeprägt hierarchische Struktur des Militärapparats ist auch der Begriff der „Kommunikationsherrschaft" von Bedeutung. Zwar bezieht sich Giese — wiederum im Anschluß an Luhmann[69] — vor allem auf das Verfahren vor Gericht, seine Aussagen lassen sich jedoch unschwer auf den militärischen Bereich übertragen. „Die Kommunikationsherrschaft übt regelmäßig der Verfahrensveranstalter aus. Ihre Bedeutung liegt darin, daß dem Verfahrensverstrickten eine Rolle aufgedrängt und zugemutet wird, in der er ungeübt, fremd, benachteiligt ist[70]." Ein Indiz für diese Kompetenz liegt in der Verfügungsmacht über Darstellungsrequisiten wie Robe, Sitzerhöhung etc., Beispiele, die im militärischen Bereich eine reichhaltige Entsprechung finden (Abstufungen in der Uniform, Rangabzeichen etc.).

Im Gegensatz zu Luhmann mißt Giese taktloser Herrschaftsausübung ein systemgefährdendes Gewicht bei[71]. „Würdemißachtung durch takt-

---

[65] In dieselbe Richtung weist die Formulierung des BGH in BGHZ 26, 354, wonach die Verletzung des inneren Persönlichkeitsbereichs immaterielle Schäden erzeugt, „die sich in einer Persönlichkeitsminderung ausdrücken".

[66] *Giese*, S. 80.

[67] *Giese*, S. 80.

[68] Als Beispiel einer derart würdeverletzenden Kommunikation führt Giese die Frage im Prüfungsverfahren für Kriegsdienstverweigerer an: „Was tun Sie, wenn ein feindlicher Soldat Ihre Frau vergewaltigt?" Hier habe der Befragte nämlich nur zwei Möglichkeiten: entweder seine Frau hypothetisch zu verraten oder eine Antwort zu geben, von der er fürchtet, sie könne seine Anerkennung als Verweigerer aus Gewissensgründen ausschließen. *Giese*, S. 79.

[69] *Luhmann*, Legitimation durch Verfahren, 1969.

[70] *Giese*, S. 80.

[71] *Luhmann* rückt hier mehr die individuellen Konsequenzen des Würdeverlustes in den Vordergrund; s. z. B. S. 69; „Ist er (der Mensch) zu einer ausreichenden Selbstdarstellung nicht in der Lage, scheidet er als Kommu-

lose Herrschaftsausübung kostet Systemvertrauen[72]." Entsprechend intendiert nach Giese die Würdenorm mit ihrer Direktweisung an alle staatliche Gewalt „die Aufhebung der Einseitigkeit der Kommunikationsrichtung im Verfahren"[73]. „Würde als Eigenschaft von Kommunikationen heißt Fairneß. Die Würdenorm als Verfahrensgrundnorm muß Fairneß garantieren[74]."

3.2.2. Kritik und Auswertung des Meinungsstandes in Rechtsprechung und Literatur

Unbefriedigend an der Rechtsprechung und am Vorgehen einiger Literaturvertreter[75] ist der Verzicht auf eine inhaltliche Bestimmung des Würdebegriffs bei gleichzeitiger Darstellung der Auswirkungen, die diese nicht bestimmte Würde entfalten soll. Eine solche Methode ist nur dort bedenkenlos anwendbar, wo sich — wie im naturwissenschaftlichen Bereich — die von einer Sache ausgehenden Wirkungen exakt messen lassen[76]. Wo hingegen diese vom subjektiven Meinen des einzelnen unabhängige Überprüfbarkeit fehlt, bringt diese Methode der Ausklammerung der begrifflichen Bestimmung vermehrt Mißverständnismöglichkeiten mit sich und erschwert nicht nur den allgemeinen wissenschaftlichen Klärungsprozeß, sondern sogar die Schlüssigkeitsprüfung, d. h. die Klärung der In-sich-Stimmigkeit des jeweiligen individuellen Würdebeitrags. Wer auf eine begriffliche Festlegung verzichtet, kann letztlich nach emotionalem Gutdünken funktionale Ableitungen aus einer begrifflich ungeklärten Materie treffen, ohne eine logisch, axiologisch, notfalls axiomatisch klare Ausgangsposition zu beziehen.

Wenn beispielsweise *Maihofer* für das Vorliegen einer Würdeantastung nicht nur Zerstörung der Personalität, sondern auch noch Zerstörung der Solidarität zwischen dem Opfer und den übrigen Menschen verlangt, so setzt er die Schwelle für eine Würdeverletzung — gemessen am Verfassungsauftrag — viel zu hoch an. Dieses Moment des Verlassenseins kommt bei einer Würdeverletzung möglicherweise erschwerend hinzu, kann jedoch nicht konstitutives Moment der Verletzung sein, da so betrachtet eine Antastung der Würde in einem funktionie-

---

nikationspartner aus, und sein mangelndes Verständnis für Systemanforderungen bringt ihn ins Irrenhaus."
[72] *Giese*, S. 81.
[73] *Giese*, S. 82.
[74] *Giese*, S. 83.
[75] Dazu zählen unter den hier aufgeführten Autoren: *Nipperdey*, *Maihofer* und mit Einschränkungen *Luhmann* und *Giese*.
[76] Dies ist beispielsweise bei vielen Wirkungen der Materie der Fall, während die Frage nach dem Wesen der Materie in letzter Konsequenz nach wie vor unbeantwortet ist.

renden demokratischen und sozialen Rechtsstaat — insbesondere auf Grund der Rechtsweggarantie und der Unmöglichkeit der totalen Isolation und gesellschaftlichen Ächtung des einzelnen — nicht möglich wäre[77].

Ähnlich subjektivistisch wirkt das Vorgehen des *Bundesverfassungsgerichts*. Besonders dort, wo es zur Verwirklichung des Tatbestandes einer Würdeverletzung das Vorliegen einer „verächtlichen Behandlung"[78] verlangt, wird deutlich, daß das Defizit einer intensiven Arbeit am Begriff letztlich dazu führt, daß die durch die weite Fassung der Würdeformel beabsichtigte Entscheidungsbeweglichkeit[79] in eine Entscheidungs-Omnipotenz[80] ausartet. Indem das Bundesverfassungsgericht eine exakte inhaltliche Würdebestimmung umgeht, und darüber hinaus den Schwerpunkt bei der Tatbestandsprüfung von objektiv feststellbaren Handlungen und deren Wirkungen weg auf subjektive Elemente wie Motive und Absichten des Gesetzgebers oder anderer Hoheitsträger hin verlagert, nimmt es dem Art. 1 I GG letztlich den Charakter positiven Rechts. Denn positives Recht sollte dem Normverpflichteten ein Minimum an konkreter Verhaltensanweisung aufgeben und ihm zusammen mit dem Normbegünstigten ein Minimum an Rechtssicherheit gewähren.

Wie verfehlt dieser Ansatz des Bundesverfassungsgerichts ist, zeigt sich auch daran, daß der Gesetzgeber oder andere Hoheitsträger eine menschenverachtende Motivation kaum je als solche zu erkennen geben würden. Größer als die Gefahr einer „in zynischer Offenheit proklamierten und praktizierten Verachtung der Menschenwürde" durch den Staat ist eine bewußte oder unbewußte Verletzung der Würde zunächst in ihren Randbereichen ohne menschenverachtende Tendenz, möglicherweise sogar aus als ethisch einwandfrei empfundenen Motiven heraus[81].

---

[77] So wählt Maihofer auch seine Beispiele entsprechend: „Der Funktionär eines autoritären Systems, der mich nach Belieben und Willkür schlägt und foltert ...", *Maihofer*, S. 23; und selbst in diesen Fällen ist ein vollständiger Bruch von Solidarität selten. Dies zeigt sich an den Schicksalen sowjetischer Dissidenten oder an dem der amerikanischen Geiseln in Teheran.

[78] BVerfGE 30, 26.

[79] Zur politisch-sozialen Funktion weit gefaßter „Leitbilder" wie der Würdeformel s. E. *Denninger*, Staatsrecht 1, S. 26.

[80] *N. Luhmann* spricht in diesem Zusammenhang von „hoher operativer Autonomie", in Legitimation durch Verfahren, S. 173.

[81] Ähnlich *Denninger*, Staatsrecht 1, S. 24: „Die Geschichte ist voll von bluttriefenden Beispielen dafür, daß gerade im Namen der christlich-abendländischen, der germanisch-arischen oder einer anderen ‚Menschheit' von Staats wegen die totale Versklavung und Ausrottung derjenigen betrieben wurde, die das Unglück hatten, dem ‚Menschenbild' der Herrschenden nicht zu entsprechen."

3.2. Literatur zum Würdebegriff

Auch *Dürigs* die herrschende Meinung prägende Würdeauffassung kann nicht kritiklos hingenommen werden. Denn seine Vorstellung von menschlicher Würde ist gekoppelt mit einem elitären Menschenbild, das gedankliche Hilfskonstruktionen erfordert, um auch jene Menschen als würdevoll anerkennen zu können, die nicht diesem Menschenbild entsprechen, die nicht Persönlichkeit im Sinne von „Verantwortlichsein", „dem Gemeinwohl dienen"[82] besitzen. Wenn Dürig schreibt: „Würde haben heißt Persönlichkeit sein ...", so zeigt sich damit seine Stellung in einer geistigen Tradition, deren Wurzeln tief in den platonischen Idealismus zurückreichen. Nicht der reale Mensch, sondern der ideale oder der dem Ideal angenäherte Mensch dient als gedankliche Grundlage der Reflexion über den Menschen und seine Stellung in der Welt[83]. Aus diesem Grunde ist Dürig (und mit ihm die herrschende Meinung) auch dazu gezwungen, den „allgemein menschlichen Eigenwert der Würde" auch als vorhanden zu *denken* (!), wenn ein konkreter Mensch (...)" von diesem Ideal zu sehr abweicht, wenn er beispielsweise „die Eigenschaft der Selbst- und Lebensgestaltung von vornherein nicht hat"[84].

Wie gefährlich diese Würdeauffassung sein kann, wird deutlich, wenn man sich vergegenwärtigt, daß diese von Dürig vorgenommene gedankliche Operation keinem logischen Gesetz, sondern einer humanen Wertung entspringt, die keineswegs unabhängig von Zeit und Ideologie stets nachvollzogen werden müßte. Die Bedenken gegen diese Würdeauffassung verstärken sich noch, wenn man versucht, möglichst vorurteilsfrei der Frage nachzugehen, wie es denn tatsächlich mit der sittlichen Autonomie des Individuums und seiner Fähigkeit zu eigener Lebensgestaltung bestellt ist. Angesichts wachsender Abhängigkeit von sozialen Staatsleistungen, der Intensivierung kollektiver Zwänge[85], der Ohnmacht vor sogenannten Sachzwängen, der Dauerarbeitslosigkeit mit ihren psychischen und sozialen Folgewirkungen, der an Gehirnwäsche heranreichenden Überflutung mit Werbung in Hörfunk und Fernsehen und des damit und beispielsweise durch simple finanzpolitische Maßnahmen steuerbaren Konsumverhaltens von Millionen, führte die Beibehaltung der *Dürig*schen Formel dazu, daß die Würde am Menschen immer weniger vorhanden wäre und entsprechend bei einer immer größer werdenden Zahl von Menschen hinzugedacht wer-

---

[82] *Dürig* 1952, S. 261.
[83] Insofern zutreffend *Hamann*, GG Kommentar, 3. Aufl., 1970, Anm. B 1 a: „Es darf bei der Frage, ob die Menschenwürde verletzt ist, nicht auf ein ‚abstraktes' Menschenbild abgestellt werden."
[84] *Dürig* 1956, S. 125.
[85] Man denke hierbei nur an die in letzter Zeit zunehmenden Fälle der Reglementierung von Abgeordneten bei geplantem, von der Fraktionsmehrheit abweichendem Stimmverhalten.

den müßte[86]. Die Möglichkeit, die Würde hinzuzudenken — oder auch nicht, diese theoretische Zuordnung bedeutet aber eine gedankliche Verfügbarkeit von Würde, die auszuschließen nach den Verbrechen wider die Menschlichkeit im 3. Reich ein Hauptanliegen des Verfassungsgebers gewesen ist. Gemessen an diesem bisher nicht erkannten oder nur ungenügend beachteten Zentralproblem in der herrschenden Würdeauffassung sind die weiteren Unklarheiten und Streitpunkte in der Würdediskussion weniger brisant.

Nipperdeys Auffassung von der Grundrechtsqualität des Art. 1 GG ist in der Regel nicht so praxisrelevant, da in den meisten Fällen von Würdeverletzungen Rechtsvorschriften mitverletzt sind, die unbestritten ein subjektiv-öffentliches Recht gewähren und so den Rechtsschutz des einzelnen sicherstellen. Ein weiter Bereich wird beispielsweise durch die §§ 185 ff. StGB und die Rechtsprechung des BGH zum allgemeinen Persönlichkeitsrecht, § 823 I BGB abgedeckt. Andererseits kann die Grundrechtsdiskussion im Rahmen des Art. 1 I GG nicht ohne weiteres als erledigt betrachtet werden, da eine Verletzung ausschließlich der Menschenwürde ohne Verletzung anderer, subjektive Anspruchsgrundlagen gewährender Rechte möglich ist[87]. Gerade jene Fälle, die sich am Rande einer strafrechtlich erfaßbaren Beleidigung abspielen, die einzeln bisher als nicht justitiabel behandelt werden, aber gerade in Großorganisationen wie der Bundeswehr gesamtklimatisch verhängnisvolle Wirkung entfalten[88], machen es erforderlich, Art. 1 I GG als Norm mit subjektivem Anspruchscharakter zu interpretieren. Denn nur so läßt sich eine praktische Effektivität der Würdenorm sicherstellen[89]. Das bedeutet jedoch nicht, daß Art. 1 I GG nicht gleichzeitig auch als oberste Norm des objektiven Verfassungsrechts betrachtet werden könnte[90].

Wertenbruchs Arbeit, Höhepunkt und gleichzeitige Überwindung herkömmlich dogmatischer Interpretationsarbeit am Würdebegriff, zeichnet sich u. a. aus durch eine scharfsichtige Analyse der Verfassungswirklichkeit, die ihrerseits gekennzeichnet ist durch einen Wertrelativismus, dem auch die Würde des Menschen unterworfen ist[91].

---

[86] Besonders deutlich wird dieses Problem angesichts von 600 Millionen vom Hungertod bedrohter Menschen in der „dritten Welt".
[87] s. o. 3.2.1. (*Luhmann*).
[88] s. dazu vor allem die Kap. 5 und 6.
[89] Zur interpretativen Qualifizierung der Würdenorm als Anspruchsgrundlage in überzeugender Widerlegung der Dürigschen Argumentation s. *K. Löw*, Ist die Würde des Menschen im Grundgesetz eine Anspruchsgrundlage?, in: DÖV 58, S. 516 ff. (517, 520). s. auch *Carlo Schmid*, Erinnerungen, Abschnitt Der Parlamentarische Rat und das Grundgesetz, S. 373 (allerdings ohne ausdrücklichen Bezug auf Art. 1 I GG).
[90] *K. Löw*, wie Fußn. 89, S. 518.
[91] s. o. 3.2.1.

3.2. Literatur zum Würdebegriff

Indes ist seine Forderung nach Anerkennung eines situationsunabhängigen Absolutheitsranges der Würde in der Praxis wohl nicht durchsetzbar und daher auch theoretisch problematisch[92]. Wertenbruchs Betonung des Theonomen, sein deutlich erkennbares Verwurzeltsein in der christlichen Ethik und der traditionellen deutschen Wertlehre bringen die Gefahr mit sich, daß seine Argumentation in unserer pluralistisch strukturierten Gesellschaft keinen allgemeinen Konsens findet. Konsensfähigkeit bei grundsätzlichen Wertentscheidungen ist aber eine wesentliche Voraussetzung, soll die Verfassung ihre Hauptaufgabe erfüllen, rechtliche Grundordnung des Gemeinwesens zu sein[93]. Dieser Mangel an Konsensfähigkeit wiegt hier jedoch nicht so schwer, da er sich hauptsächlich auf die Argumentationsweise, d. h. auf die Herleitung des Ergebnisses und weniger auf das Ergebnis selbst beziehen dürfte. Abgesehen von einigen radikalen Minderheiten am äußersten linken und rechten Rand des politischen Spektrums ist die menschliche Würde allgemein als ein grundlegender Pfeiler im Beziehungsgefüge Mensch—Staat anerkannt[94]. Ein Absolutheitsanspruch im oben formulierten Sinne dürfte demnach — trotz der Praktikabilitätsbedenken — gesamtgesellschaftlich diskutabel sein.

Der Luhmannschen (von Giese aufgegriffenen) Methode der bewußten Ausklammerung einer begrifflichen Würdebestimmung im statischen Persönlichkeitsbereich begegnen im Grunde die gleichen Bedenken wie der unreflektierten Ausklammerung, wenngleich sein Hinweis auf die Erforderlichkeit einer Heranziehung psychologischer Erkenntnisse aus der Persönlichkeitsforschung zu denken gibt[95]. Möglicherweise ist eine abschließende, allgemein Zustimmung findende Klärung der aktuellen Würdeproblematik tatsächlich erst erreichbar, wenn gesicherte Ergebnisse aus der psychologischen Persönlichkeitsforschung vorliegen. Indes scheint es unvertretbar, ein brennendes politisches und juristisches Problem über eine unbestimmbare Zeit hinweg letztlich zu ignorieren und auf Forschungsergebnisse aus anderen Wissenschaftsbereichen zu warten. Eine Würdebestimmung soll daher trotz der von Luhmann ins Feld geführten Bedenken auch und gerade im

---

[92] s. dazu W. Hennis, Verfassung und Verfassungswirklichkeit, 1968.
[93] s. K. Hesse, Grundzüge des Verfassungsrechts, S. 5 ff.; vgl. auch P. Lerche, Stil, Methode, Ansicht, in: DVBl. 76 (1961), S. 690 ff. Lerche prägt dort den Begrif der „Ansichtendeckung"; s. auch N. Luhmann, Grundrechte, S. 59/60: Im Dilemma leerformelhafter Wertauseinandersetzungen hilft nur das „Erreichen von Konsens" („und die Rechtskraft verfassungsgerichtlicher Entscheidungen").
[94] Auch der kommunistische Osten bekennt sich mehr und mehr zu einer Menschenwürde im individuellen Sinne; vgl. René Marcic, Ein neuer Aspekt der Menschenwürde, in: Festgabe für Ernst v. Hippel, Bonn 1965, S. 193.
[95] Zur Erforderlichkeit der Einbeziehung von Nachbarwissenschaften zur Lösung juristischer Probleme s. D. Grimm (Hrsg.), Rechtswissenschaft und Nachbarwissenschaften, Bd. 1 und 2.

statischen Würdebereich getroffen werden, so daß dann funktionale Ableitungen auf dieser Basis erfolgen können.

Was die *Luhmann*schen Würdeaussagen im dynamisch-funktionalen Würdebereich betrifft, so fällt besonders wohltuend gegenüber vorhergegangenen Arbeiten anderer Autoren und der Obergerichte die Reduzierung der verbalen, oft mit praktischer Undurchsetzbarkeit gekoppelten Hochachtung der Würde auf. Hier ist ein erster bedeutsamer Schritt zur Entzauberung des Würdebegriffs gelungen, der dazu beitragen kann, die Würdenorm von einer geistig-idealistischen Spielwiese herab auf den Boden der politischen und sozialen Wirklichkeit zu holen und ihr — bei mehr verbaler Zurückhaltung — größere praktische Effektivität zu verschaffen. Durch die überzeugend begründete Auffassung von Würde als gelingender Selbstdarstellung wurde zudem erreicht, daß ein vorher oft nur erahnter, gegenüber der allgemeinen Handlungsfreiheit spezieller Wertbereich der Würde offengelegt wurde: Vor allem im Rahmen von Kommunikationsprozessen bedeutet das Recht auf Nichtantastung und Schutz der Würde gegenüber dem Recht der allgemeinen Handlungsfreiheit ein spezielles Mehr. So kommt es beispielsweise in der konkreten Situation eines Gespräches zwischen Vorgesetztem und Untergebenen nicht nur darauf an, daß der Untergebene sprechen darf, sondern darauf, daß ein fairer Rahmen geschaffen wird, indem er sein Anliegen seinem natürlichen Selbstdarstellungsbedürfnis entsprechend vortragen kann[96].

3.3. Eigener Versuch einer begrifflichen Klärung mit dem Ziel einer Definition

3.3.1. Rechtfertigung eines Definitionsversuches

Definieren heißt: Angeben des Begriffsinhalts durch Aufzeigen der Begriffsmerkmale mit dem Ziel einer vollständigen Identifizierung des begrifflichen Gegenstandes[97]. Explizieren heißt: einen unexakten (meist vorwissenschaftlichen) Begriff in eine exaktere Sprache übersetzen, ohne eine vollständige Identifizierung um jeden Preis erreichen zu wollen. Während bei der Definition also eine Gleichung aufgestellt wird mit dem Ziel, auf beiden Seiten des Gleichheitszeichens Äquivalenz zu erreichen, begnügt sich die Explikation unter Umständen auch mit

---

[96] Zum Problem des militärischen Sprachgebrauchs, der Pflicht des Untergebenen im Gespräch mit dem Vorgesetzten Grundstellung einzunehmen u. a. s. eingehend Kap. 5 und 6.

[97] Bei empirischen Begriffen muß dabei notwendigerweise eine Beschränkung auf die wesentlichen Merkmale erfolgen, da empirische Begriffe eine unüberschaubare Vielzahl von Begriffsmerkmalen enthalten.

3.3. Eigener Versuch einer Definition

einem Explikat, das weniger aussagt als das Explikandum enthält. Aus diesem Grunde bietet sich die Explikation zunächst besonders bei vagen, mehrdeutigen und inkonsistent gebrauchten Begriffen in einem wissenschaftlich wenig geklärten Umfeld an. Letztes Ziel wissenschaftlichen Bemühens sollte dennoch die Definition sein, weniger aus Gründen der Plausibilität (hier kann nämlich eine Explikation der Definition durchaus überlegen sein[98], als vielmehr aus Gründen der Operationalität und — in eingeschränktem Maße — der Praktikabilität[99]. Dabei bedeutet Operationalität Verarbeitungsmöglichkeit in der Wissenschaft, Praktikabilität Verwendbarkeit in der Praxis. In einer aufschlußreichen Untersuchung zeigt *Hans Paul Bahrdt*[100] an Hand der Begriffe „Gewalt", „Krieg", „Frieden", daß in der Wissenschaft erarbeitete formale Begriffsdefinitionen u. a. zur Klärung und Versachlichung der allgemeinen politischen Diskussion beitragen, Mißtrauen gegen verschwommenen oder agitatorischen Wortgebrauch schärfen und den Kommunikationsspielraum erweitern können. Zu diesen Vorzügen von Definitionen stößt noch ein weiterer Vorteil, nämlich jener der größeren Transparenz und damit der leichteren Revidierbarkeit. Definitionen sind entschiedenere Schritte und damit leichter verifizierbar, leichter falsifizierbar als Explikationen[101].

Gieses Befürchtung von der Fortschrittsfeindlichkeit von Definitionen[102] ist daher nur noch im Hinblick auf jene berechtigt, die immer noch einem aristotelischen Wissenschaftsideal anhängen, einem Ideal, dem definitives Wissen als Wissenschaftsergebnis vorschwebt. Schon bei *Hume*, spätestens aber seit *Carnap* und *Popper* dürfte diese Fortschrittsgläubigkeit selbst bezüglich der Naturwissenschaften nachhaltig erschüttert worden sein, am spektakulärsten wohl durch *T. S. Kuhns* These vom nichtkumulativen Wissensfortschritt[103].

Neben diese wissenschaftstheoretischen Argumente tritt noch eine praktische Erwägung: Der Adressat der Würdenorm hat gerade im militärischen Bereich oft unter zeitlichem und psychischem Druck zu entscheiden, ob eine von ihm zu treffende Maßnahme die Würde eines

---

[98] Etwa bei sog. „untersten" oder „konkretesten" Begriffen. Beispiel: Die Grundfarbe Rot.
[99] In eingeschränktem Maße deshalb, da Definitionen bisweilen ein hohes Maß an Abstraktheit besitzen. In diesen Fällen ist auf der Definition basierend eine allgemeinverständliche Handlungsformel zu entwickeln.
[100] *Hans Paul Bahrdt*, Zur politischen Bedeutung formaler Begriffsdefinitionen, in: Forschung für den Frieden, 1975, S. 17 ff.
[101] Vgl. *Essler*, I, S. 58: „Die Frage, ob eine vorgegebene Begriffsexplikation adäquat oder inadäquat ist, kann wegen der Unexaktheit des Explikandums nicht definitiv entschieden werden."
[102] s. o. 3.2.1.
[103] *W. Stegmüller*, Hauptströmungen der Gegenwartsphilosophie, Bd. II, S. 484 ff.

anderen verletzt. Diese Frage aber kann er sich nur beantworten, wenn er weiß, was Würde *ist*. Die Beantwortung dieser Frage aber mündet notwendig in die Formulierung: Die Würde *ist* ... Gerade auch aus dieser praktischen Erwägung heraus soll hier das Wagnis einer Definition eingegangen werden.

3.3.2. Probleme bei der Definition von Wertbegriffen

Bei der Definition von Wertbegriffen wird die Abhängigkeit des Definitionsergebnisses vom emotionalen und wissenschaftlichen Vorverständnis des Definierenden in besonders hohem Maße deutlich[104]. Wie kaum eine andere Wissenschaftsdisziplin ist die Wertlehre in ihren Verzweigungen von religiös-weltanschaulichen, politisch-ideologischen Grundtendenzen ihrer Vertreter bestimmt. Entsprechend variantenreich und divergierend sind denn auch die Wertvorstellungen der einzelnen Autoren[105].

Gegenüber dem Philosophen bietet sich dem Juristen insofern eine gewisse Erleichterung, als er bei der Klärung von Wertbegriffen keine leeren Prämissenklassen, sondern die Primärwertungen des Gesetzgebers, hier des Verfassungsgebers, vorfindet. An diese Primärwertungen hat sich nicht nur der in der Praxis entscheidende Jurist zu halten, sondern *jeder* Verfassungsinterpret, der sich bezüglich des Verfassungsinhalts nicht als autonomes, wertsetzendes Individuum, sondern als Mitglied einer rechtsstaatlichen, demokratisierenden Gesellschaftsordnung versteht[106]. Wem die Erkenntnisse der (philosophischen und insofern ungebundeneren) Wertlehre als zu vage und ungesichert erscheinen, der wird die vom Grundgesetzgeber gesetzten Prämissen ohnedies weniger als Zwangsjacke, denn als stützendes Korsett empfinden.

---

[104] Daß *jede* wissenschaftliche Erkenntnis verflochten ist in ein dichtes Gewebe vorwissenschaftlicher Erfahrung, s. dazu: *Edmund Husserl*, Die Krisis der europäischen Wissenschaften und die transzendentale Phänomenologie, 1936, §§ 28 ff.

[105] Vgl. etwa die Positionen der klassischen deutschen Wertlehre (z. B. *Nikolai Hartmann*, Ethik, 4. Aufl., Berlin 1962, S. 123 ff. oder *J. Hessen*, Wertlehre, insb. S. 30 ff.) mit der Position *Adalbert Podlechs*, Wertungen und Werte im Recht, in: AöR 95, Heft 2, S. 186 ff. oder *Niklas Luhmanns*, Grundrechte als Institution, insb. S. 213 ff.

[106] So auch *E. Stein*, Methoden der Verfassungsanwendung, in: Einleitung zum Alternativkommentar zum Grundgesetz, Manuskript S. 3. Die weitergehende Forderung, persönliche Wertungen auch jener gesellschaftlichen Meinungs- und Willensbildung unterzuordnen, die (noch) keinen Niederschlag in Normen gefunden hat, halte ich im Bereich der verbindlichen, praktischen Rechtsanwendung für zutreffend. Der Rechtswissenschaftler hat jedoch — wo eindeutige Primärwertungen des demokratisch legitimierten Gesetzgebers fehlen — das Recht, seine persönlichen Wertungen miteinzubringen, auf die Wertbildung im Rahmen seiner Möglichkeiten Einfluß zu nehmen und sie nicht dem Spiel einiger weniger, mächtiger Gruppierungen zu überlassen.

3.3.3. Eigener Klärungsversuch

3.3.3.1. Methodischer Ansatz

Der Parlamentarische Rat hat die rechtliche Problematik des Würdebegriffs sehr wohl erkannt, ihn dennoch in die Verfassungsurkunde aufgenommen und gleichzeitig bewußt auf eine Begriffserklärung verzichtet. Dies bedeutet, daß der Würdebegriff mit seiner Aufnahme in die Verfassungsurkunde zwar zum Rechtsbegriff gemacht, jedoch noch nicht als solcher gebraucht wurde. Man ließ vielmehr die Würde des Menschen als „nicht interpretierte These"[107] stehen aus Furcht vor einer allzu großen Annäherung an philosophische und theologische Bereiche. Dies läßt nun den Schluß zu, daß der Verfassungsgeber den Begriff „Würde" nach allgemeinem Sprachgebrauch verwendet hat. Zur Klärung eines Begriffs der allgemeinen, nicht spezifisch juristischen Sprache bietet sich eine auf den allgemeinen Sprachgebrauch zugeschnittene Methode an[108]. In Frage kommt eine etymologische Untersuchung kombiniert mit der L. Wittgenstein zugeschriebenen[109], aber schon von J. und W. Grimm praktizierten „Gebrauchstheorie der Bedeutung"[110]. Beide, etymologische Methode und Gebrauchstheorie, gehören zwar nicht zum herkömmlichen, rechtsdogmatischen Methodenarsenal, entfernen sich jedoch nicht weit davon[111] und gewährleisten hier wegen der allgemeinsprachlichen Verwendung des Würdebegriffs durch die Verfassungsgeber größtmögliche Nähe zu deren vermutlicher Vorstellung.

3.3.3.2. Herkunft und Form des Wortes „Würde"

Schon *Stein* hat darauf hingewiesen, daß zwischen „Würde" und „Wert" bzw. der Adjektivform „wert" eine enge etymologische Beziehung besteht[112]. Die Wortentwicklung ist wohl folgendermaßen verlaufen: „Würde" entwickelte sich aus „wert"[113], „wert" seinerseits

---

[107] So der Abgeordnete Theodor Heuss im Parlamentarischen Rat.

[108] Vgl. *A. Podlech*, wie Fußn. 105, wonach „Würde" als unscharfer Begriff der Umgangssprache nach allgemein anerkannten juristischen Argumentationsregeln nicht konkretisierbar ist.

[109] So z. B. *H.-J. Koch*, Seminar: Die juristische Methode im Staatsrecht, 1977, S. 39.

[110] s. *Ludwig Wittgenstein*, Philosophische Untersuchungen, Ziff. 43: „Die Bedeutung eines Wortes ist sein Gebrauch in der Sprache." s. *J. und W. Grimm*, Wörterbuch der deutschen Sprache, Bd. 14, Sp. 2600 und 2061, wo bei der Begriffsklärung zunächst Herkunft und Form, sodann Bedeutung und Gebrauch untersucht werden.

[111] Bei diesem methodischen Ansatz handelt es sich — wie vorwiegend in der üblichen juristischen Methodik — um sprachliche Interpretation, jedoch unter Berücksichtigung der historischen Dimension der Wortentwicklung.

[112] *Stein*, Staatsrecht, 6. Aufl., S. 208/209.

dürfte aus dem im gesamten indogermanischen Sprachraum verbreiteten „werden" kommen[114]. Allein aus dieser Wortkette: werden - wert - Würde, läßt sich ein erster, für die Würdedefinition bedeutungsvoller Sinnzusammenhang gewinnen: Alles Werdende und Gewordene hat Wert. Dabei deutet sich bereits an, daß Würde — da nach heutigem Sprachgebrauch nur auf den Menschen bezogen — der Wert ist, der mit Werden und Gewordensein des Menschen verbunden ist[115].

Dieses Ergebnis läßt sich erhärten durch eine Hinzuziehung der Bedeutungs- und Gebrauchsgeschichte des Wortes.

3.3.3.3. Bedeutung und Gebrauch

Trotz des ursprünglich engen Zusammenhangs mit „wert" verfolgt „Würde" deutlich eigene Wege. „Würde" entfernt sich entschieden von der allgemeinen, uncharakteristisch wertenden Anwendung, spezifiziert, präzisiert den Aussagegehalt und tritt als Bezeichnung für sozialen Rang und Stand und die aus ihnen resultierende Geltung und Ehre hervor[116]. Wenig Wirkung erlangen daneben eine an das lateinische „meritum" angelehnte Bedeutung i. S. v. „Verdienst"[117] und eine Verwendung im Sinne von materiellem Qualitätswert, also eine Verwendung in deutlicher Konkurrenz zum Wort „wert" selbst[118]. Der fühlbarste Einschnitt in der Bedeutungsgeschichte von „Würde" fällt in die Mitte des 18. Jahrhunderts, wo im Zuge der Aufklärung und unter der Wirkung des sittlichen und ästhetischen Idealismus kantischer und schillerscher Prägung das Wort „Würde" seine *äußerliche* rangbestimmende Bedeutung vollends ablegt und die Bedeutung „innerer Wert des Menschen" als eines personhaften, sittlich autonomen Wesens annimmt und von seiner individuellen Bezogenheit eine Ausweitung auf die Menschheit als Gattung erfährt[119]. In diese Zeit fallen die seither hundertfach zitierten und paraphrasierten Äußerungen *Kants*[120], über

---

[113] *Kluge / Mitzka*, Etymologisches Wörterbuch der deutschen Sprache, 19. Aufl., 1963, Art. „Würde", S. 872; Der Große Duden, Herkunftswörterbuch 1963, S. 762; *J. und W. Grimm*, Wörterbuch der deutschen Sprache, Sp. 2060 ff.

[114] *Kluge / Mitzka*, wie Fußn. 113.

[115] Damit gelangt man durch eine einfache etymologische Operation zu einer philosophisch wesentlich komplizierter zu begründenden Position, wie sie von *Aristoteles, Th. v. Aquin* und der Neuscholastik vertreten wird (und wohl auch in der heutigen, grünen Alternativbewegung da und dort anklingt): Omne ens est bonum, d. h. alles Seiende ist gut, hat Wert. Sein und Wert sind im Grunde identisch.

[116] Dazu im einzelnen *J. und W. Grimm*, wie Fußn. 113, A Sp. 2062 - 2071.

[117] Wie Fußn. 113, B Sp. 2071 - 2073.

[118] Wie Fußn. 113, C Sp. 2073 - 2077.

[119] Wie Fußn. 113, D Sp. 2077 - 2087.

[120] *Immanuel Kant*, Grundlegung zur Metaphysik der Sitten, Rdn. 435 ff.

3.3. Eigener Versuch einer Definition

deren Aussagegehalt die klassisch geprägte Wertlehre und die von ihr beeinflußte Rechtswissenschaft bis heute kaum hinausgelangt sind.

Zwischen der durch die Aufklärung und den deutschen Idealismus erfolgten Begriffsprägung und der Aufnahme des Begriffs in das Grundgesetz liegen als einschneidende Ereignisse u. a. die beiden Weltkriege mit Millionen geopferter Soldaten, die Massenvernichtung von Zivilisten, der Rassenwahn des Nationalsozialismus. Dies erklärt wohl zu einem Teil, warum die Mitglieder des Parlamentarischen Rates zögerten, eine inhaltliche Ausdeutung des Würdebegriffs basierend auf den geistigen Errungenschaften des 18./19. Jahrhunderts vorzunehmen.

Es war sicher eine der größten Leistungen der Aufklärung und des deutschen Idealismus, die Würde vom individuellen Träger auf die Gattung auszudehnen, d. h. auf die Gattungszugehörigkeit, nicht auf die individuelle Beschaffenheit des einzelnen abzustellen. Daß dies aber heute auch theoretisch nicht mehr befriedigen kann, zeigt sich daran, wie leicht es immer wieder fällt, verbal gewisse vermeintlich oder tatsächlich von der Norm abweichende Menschen auch aus dem *Gattungs*begriff Mensch zu eliminieren. Daher ist es naheliegend, den Auftrag des Art. 1 I GG dahingehend zu verstehen, daß die Würde nicht nur mit dem Gattungsbegriff Mensch (und dem damit verbundenen allgemeinen Verständnis vom So-Sein des Menschen) zu verbinden ist, sondern in erster Linie mit dem konkreten Einzelmenschen, und zwar unabhängig davon, welche ideal geschaffenen So-Seins-Kriterien er erfüllt, vielmehr in Verbindung mit seinem Da-Sein, d. h. mit seiner individuellen menschlichen Existenz. Es kann also nicht darauf ankommen, *wie* der Mensch ist, sondern einzig darauf, *daß* er ist, daß er existiert[121].

Vergegenwärtigt man sich nun nochmals die etymologische Wortkette: werden — wert — Würde, so ergibt sich folgende Begriffsbestimmung: Die Würde ist der Wert, der dem Menschen auf Grund seines bloßen Da-Seins zukommt. Oder: Die Würde ist der Wert, der seine einzige Bedingung im Da-Sein des Menschen hat. Noch kürzer formuliert: Die Würde ist der Seinswert des Menschen[122].

---

[121] Vgl. *Hamann / Lenz*, Art. 1 B 1a: „Es darf bei der Frage, ob die Menschenwürde verletzt ist, nicht auf ein ‚abstraktes Menschenbild' abgestellt werden."
Vgl. BVerfGE 39, 1 (41) zum Problem der Abtreibung, wo die Würde — anders als sonst — nicht an die Person oder Persönlichkeit, sondern an die Existenz menschlichen Lebens geknüpft wird.

[122] Auch hier müßte es streng genommen heißen: Die Würde ist der Da-Seinswert des Menschen. Man kann jedoch auf das „Da" verzichten, da im allgemeinen Sprachgebrauch die Unterscheidung von Da-Sein und So-Sein nicht getroffen und das Wort „Sein" in aller Regel im Sinne von Da-Sein (Existenz) gebraucht wird.

Das in Art. 2 Abs. 2 S. 1 GG geschützte Recht auf Leben, d. h. das Recht auf biologisches Dasein, ist im Verhältnis zu Art. 1 I GG ein spezieller Ausschnitt aus dem gesamten mit der Existenz verbundenen Wertbereich. Eine eigenartige Verschränkung von Leben und Würde ergibt sich daraus, daß das Leben einerseits die biologische Voraussetzung für das Vorhandensein von Würde bildet und andererseits die Würde rückwirkend dem menschlichen Leben seinen besonderen Wert verleiht (vgl. dazu den Wortlaut von Art. 1 Abs. 2 GG: „Das Deutsche Volk bekennt sich *darum*" — also wegen der Menschenwürde — „zu unverletzlichen und unveräußerlichen Menschenrechten ...", wie z. B. dem Recht auf Leben).

Ein theoretischer Brückenschlag von der eigenen Begriffsklärung (im statischen Würdebereich) zu Luhmanns Verständnis von Würde als gelingender Selbstdarstellung (im dynamischen Würdebereich) ist nicht schwierig: Jedes Ding ist naturgemäß dazu angelegt, das zu sein, was es aus seiner Eigendynamik heraus sein soll. Fremdbestimmung ist daher immer ein Eingriff, der der Rechtfertigung bedarf[123]. Wenn Würde nun als der Seinswert des Menschen aufgefaßt wird und man sich vergegenwärtigt, daß Sein immer nur eine Momentaufnahme des Werdens darstellt, so wird klar, daß die Würdenorm nicht nur im statischen Bereich Wirkung entfaltet, sondern auch im Rahmen des dynamischen Prozesses menschlicher Entwicklung. Die gegenüber Art. 2 Abs. 1 GG spezielle Aufgabe der Würdenorm ist dabei — wie *Luhmann* und *Giese* gezeigt haben — die Sicherstellung eines fairen Kommunikationsrahmens.

3.4. Konsequenzen aus der eigenen Begriffsklärung

1. Das primäre Abstellen auf die Existenz bedeutet eine Loslösung des Würdebegriffs vom christlich geprägten und daher nicht voll konsensfähigen Personbegriff. Man könnte diese Folge schlagwortartig bezeichnen als: Säkularisierung des Würdebegriffs und damit verbundene erhöhte Konsensfähigkeit.

2. Es erübrigt sich jede Diskussion darüber, ob der Geisteskranke, Verbrecher, Asoziale etc. seine Würde verlieren kann. Es entfällt auch die Notwendigkeit, ein abstrakt-elitäres Menschenbild zu entwerfen, um dann bei diesem Ideal nicht entsprechenden Menschen auf deren irgendwo verschüttete Potenzen abstellen und die Würde „hinzudenken" zu müssen.

---

[123] Und zwar nicht nur bezogen auf den Menschen, sondern auf die gesamte Natur. Ein Baum ist seinsgemäß zunächst dazu angelegt, Baum zu sein und nicht Möbel oder Brennholz.

3. Ein *Verlust* von Würde ist — im Gegensatz zu ihrer Verletzung — nur möglich durch das Auslöschen menschlicher Existenz.

4. Durch die unlösbare Verknüpfung von Würde und Existenz wird demjenigen argumentativ der Boden entzogen, der behauptet, es sei möglich, jemanden zu töten und gleichzeitig dessen Menschenwürde hochzuachten. Töten heißt Würde vernichten, gleich aus welchen Motiven getötet wird.

3.5. Praktikabilität des Ergebnisses

Der Zugführer eines Fahnenjunkerlehrgangs wird bei der Frage, ob es gegen die Menschenwürde verstößt, die Reserveoffiziersanwärter bei 0 °C Außentemperatur im Bach marschieren und wiederholt Deckung nehmen zu lassen, mit der Aussage: „Die Würde ist der Seinswert des Menschen" wenig anfangen können.

Es ist durchaus denkbar, daß Befehle dieser Art nicht in Würdeverletzungsabsicht erteilt werden, sondern aus der subjektiven Überzeugung des Vorgesetzten heraus, nur so — im Interesse der Verteidigungskraft der Bundeswehr — harte und zuverlässige Soldaten heranbilden zu können. Häufig spielen in solchen Fällen Erlebnisse der Vorgesetzten aus der eigenen Ausbildungszeit eine Rolle[124]. Um den hier erforderlichen Sensibilisierungsprozeß zu beschleunigen und zu erleichtern, ist — neben einer intensivierten Ausbildung von Vorgesetzten in Rechts-[125] und Menschenführungsfragen — die Entwicklung einer auf der oben erarbeiteten Definitionsformel basierenden, praktikablen Handlungsformel erstrebenswert.

Hierzu wird vorgeschlagen, zwei Maßnahmengruppen zu unterscheiden:

1. Lebensbedrohende[126] Maßnahmen,

2. Maßnahmen gegen die unbeeinträchtigte Selbstdarstellung.

---

[124] Vgl. z. B. den Jahresbericht des Wehrbeauftragten 1977, BT-Drucksache 8/1581, S. 4.
[125] Zum bedenklich niedrigen Stand der Rechtskenntnis bezüglich der Problematik von Befehl und Gehorsam in den §§ 5, 22 WStG und § 11 SG, s. die empirischen Untersuchungen *Holger Rosteks,* Der rechtlich unverbindliche Befehl, 1971.
[126] Die untrennbare Verknüpfung von Würde und menschlicher Existenz hat zur Folge, daß lebensbedrohende Maßnahmen nicht nur gegen das Grundrecht auf Leben gerichtet sind, sondern immer auch gegen die Würde, unabhängig davon, ob die Anordnung in einer herabsetzenden Weise getroffen wird oder nicht. Dabei sei hier nochmals darauf hingewiesen, daß eine strenge gedankliche Differenzierung geboten ist zwischen dem, was existiert und dem Wert, der mit dieser Existenz verbunden ist.

Für die erste Gruppe gilt:

Lebensbedrohende Maßnahmen und die damit verbundene potentielle Würdevernichtung sind im Frieden grundsätzlich verboten, und zwar unabhängig davon, ob das Leben des unmittelbar von der Maßnahme betroffenen Soldaten oder das Leben unbeteiligter Dritter gefährdet wird. Würde und Leben sind höher zu bewerten als alle anderen Werte und Wertvorstellungen, insbesondere höher als die bei lebensgefährlichen Befehlen in der Praxis immer wieder argumentativ ins Feld geführte Erhöhung der Schlagkraft der Truppe. Hier wird vom Ausbilder ein hohes Maß an beruflicher Erfahrung und an Einfühlungsvermögen verlangt, und — wo diese fehlt — eine eindeutige klare Grenzen ziehende Befehlsgebung durch Vorgesetzte des Ausbilders, damit bezogen auf jeden einzelnen Soldaten entschieden werden kann, was diesem im Rahmen seiner physischen und psychischen[127] Leistungsfähigkeit zugemutet werden darf. In allen Zweifelsfällen, also dann, wenn der Tod des unmittelbar betroffenen Soldaten oder eines unbeteiligten Dritten eine mögliche Folge der Maßnahmen darstellt, ist diese zu unterlassen. Befehle dieser Art sind rechtlich unverbindlich[128].

Im Kriege sind lebensbedrohende Maßnahmen nach geltendem Recht in einem „gerechten Verteidigungskrieg"[129] gerechtfertigt, und zwar dann, wenn eine militärische Notwendigkeit die Maßnahme gebietet[130]. Daß man hierbei die Grenze des rechtlich Bewertbaren überschreitet, sei an einem — im konventionellen Krieg wohl recht alltäglichen — Beispiel verdeutlicht:

Der Gruppenführer befiehlt einem Gruppenmitglied, das durch den Ausfall des MG-Schützen liegengebliebene, für die Gruppe unter Um-

---

[127] s. zum Problem psychischer Belastungen H. *Flach*, Suizidversuche in der Bundeswehr, Eine sozialpsychologische Untersuchung, in: Wehrpsychologische Untersuchungen, hrsg. vom Bundesministerium der Verteidigung, Heft 2/80; vgl. dazu im einzelnen Kap. 6.

[128] Dies folgt, soweit eine Handlung befohlen wird, die das Leben Dritter gefährdet, unmittelbar aus § 11 Abs. 1 S. 2 und Abs. 2 S. 1 SG, soweit das Leben (und die Würde) des Soldaten selbst auf dem Spiele steht, nach herrschender Meinung aus allgemeinen, von der Rechtsprechung entwickelten Grundsätzen und nach der hier vertretenen Würdeauffassung auch unmittelbar aus § 11 Abs. 1 S. 2 SG; s. dazu mit Rechtsprechungsnachweisen H. *Rostek*, wie Fußn. 125, S. 102, Fußn. 123 und 124.

[129] *Dürig* in Maunz / Dürig / Herzog, Art. 2 Abs. II, Rdn. 19.

[130] Vgl. dazu BDH in NJW 1958, 1463 zur Frage, ob ein Soldat gehorchen muß, wenn ihm im Frieden befohlen wird, eine Diensthandlung auf einem Truppenübungsplatz vorzunehmen, der von Blindgängern nicht frei ist. Der BDH hat den konkreten Fall an das vorliegende Truppendienstgericht zurückverwiesen und festgestellt: „Ein Befehl, der eine so große Gefahr für Leib und Leben von Untergebenen herbeiführt, daß diese Gefahr in keinem Verhältnis zu dem eigentlichen Dienstzweck steht, ist rechtswidrig und unverbindlich."

ständen lebensnotwendige MG trotz starker Feindeinwirkung sicherzustellen. Dieser Befehl wäre nach geltendem Recht legal. Der Gruppenführer könnte sich — abgesehen von der moralischen Frage, ob er nicht selbst das MG aus dem Feuer holen sollte — vgl. auch § 10 SG —, auf die militärische Notwendigkeit der Maßnahme berufen, der Untergebene hätte keine Möglichkeit der Befehlsverweigerung.

An diesem Beispiel zeigt sich bereits, daß es im Kriege nicht mehr möglich ist, im Rahmen einer Güterabwägung dem Wert des Menschen gegenüber einer Waffe eindeutig den Vorrang einzuräumen. Wer sich jedoch für die Möglichkeit des Krieges als legale Art der Selbstverteidigung einer Nation entschieden hat, wer den (Verteidigungs-)Krieg als solchen mit seiner Vorstellung von Politik im weitesten Sinne und mit seinem Gewissen vereinbaren kann, der wird auch lebensbedrohende Individualmaßnahmen bis hin zum Befehl, eine Stellung bis zum letzten Mann zu halten, akzeptieren müssen. Er wird hinnehmen müssen, daß aus militärisch-taktischen Erwägungen heraus Züge, Kompanien, Bataillone, ja ganze Armeen geopfert werden, daß Menschen zu Bauern auf dem Schachbrett, zu ohnmächtigen Objekten in den Fingern eines Feldherrn werden. Indes wäre es verfehlt, die Zulässigkeit oder Unzulässigkeit von einzelnen Kriegshandlungen unmittelbar aus dem Grundgesetz herleiten zu wollen. Auf den Krieg in seiner Irrationalität, seiner Absurdität, seiner Negierung ehtischer Elementarprinzipien wie dem „Du sollst nicht töten" ist das Grundgesetz als Wertsystem, an dessen Spitze der Wert des individuellen Menschen steht, nicht zugeschnitten. Es eignet sich daher auch nicht zur Ableitung konkreter Handlungsanweisungen für den Kriegsfall.

Im Falle der zweiten Gruppe (Verkürzung von Selbstdarstellungsmöglichkeiten) ist eine zweistufige Prüfung vorzunehmen:
1. Welchem Zweck dient die die Selbstdarstellung beeinträchtigende Maßnahme? (Welche Werte treten mit der Würde in Konkurrenz, wie ist das Rangverhältnis?)
2. Ist die Maßnahme im Rahmen des Verteidigungsauftrages unumgänglich (Grundsatz der Erforderlichkeit)?

In diesem Maßnahmebereich wird bei einer strengen Überprüfung der jeweiligen Maßnahme der Würdenorm im militärischen Alltag verstärkt Geltung verschafft werden können. Schon auf der ersten Stufe wird sich eine ganze Reihe von Maßnahmen als unzulässig erweisen, da sie der Verwirklichung von Werten dienen, die rangmäßig weit hinter der individuellen Würde angesiedelt sind oder sich als Scheinwerte entpuppen. Auf der zweiten Stufe wird sich herausstellen, daß eine Vielzahl würdetangierender Maßnahmen durch würdeneutrale unter Beibehaltung des gesetzten Zweckes ersetzt werden können.

4. Die Würde im Sinne des Art. 1 I GG und das Institut der allgemeinen Wehrpflicht

4.1. Inhalt der Wehrpflicht nach dem Wehrpflichtgesetz

Die Wehrpflicht wird in der Regel durch den Wehrdienst[1] erfüllt, § 3 I 1 WPflG. Der auf Grund der Wehrpflicht zu leistende Wehrdienst umfaßt nach § 4 I WpflG:

1. den z. Z. fünfzehnmonatigen Grundwehrdienst (§ 5 WPflG),
2. den Wehrdienst in der Verfügungsbereitschaft (§ 5 a WPflG),
3. Wehrübungen (§ 6 WPflG),
4. im Verteidigungsfall den unbefristeten Wehrdienst.

Insbesondere aus Ziffer 4 wird ersichtlich, daß die allgemeine Wehrpflicht nicht — wie dies in sachverhaltsverkürzender Weise immer wieder formuliert wird — nur „Friedensdienst" bedeutet, sondern auch die Pflicht beinhaltet, an bewaffneten Konflikten teilzunehmen. Dieser jenseits der friedenssichernden Abschreckungswelle liegende Fall bietet sich in besonderer Weise an, die weitreichende Bedeutung der allgemeinen Wehrpflicht und das hieraus in besonderer Weise resultierende Spannungsverhältnis zur Menschenwürde zu demonstrieren[2].

4.2. Rechtsprechung zum Spannungsverhältnis zwischen Art. 1 I GG und dem Institut der allgemeinen Wehrpflicht

Bundesverwaltungsgericht[3] und *Bundesverfassungsgericht*[4] haben übereinstimmend festgestellt, daß das Institut der allgemeinen Wehr-

---

[1] Wehrdienst im engeren Sinne = Dienst in den Streitkräften. Man kennt zwei weitere Dienstverpflichtungsarten: den Bundesgrenzschutzdienst und den Zivilschutzdienst, s. dazu *Maunz* in Maunz / Dürig / Herzog, Art. 12 a, Rdn. 5 ff. Im Falle anerkannter Kriegsdienstverweigerung tritt an die Stelle des Wehrdienstes der zivile Ersatzdienst, § 3 I 1 i. V. m. § 25 WPflG.

[2] Wenn hier eine Relation zwischen Art. 1 I GG und dem Institut der allgemeinen Wehrpflicht hergestellt wird, so ist das kein Widerspruch zur oben getroffenen Aussage, wonach Art. 1 I GG keinen Bewertungsmaßstab für Maßnahmen im Kriege abzugeben vermag. Denn hier sind nicht Kriegshandlungen, sondern das im Frieden geschaffene Institut der allgemeinen Wehrpflicht zu bewerten.

[3] BVerwGE 12, 270.

[4] BVerfGE 12, 45 (50).

4.2. Rechtsprechung zum Verhältnis: Art. 1 GG — allg. Wehrpflicht   61

pflicht nicht gegen die Menschenwürde verstößt. Es soll hier nicht erneut eine Vereinbarkeitsdiskussion[5] entfacht werden, sondern zum einen nur kurz auf die dünne Argumentationsdecke beider Gerichte hingewiesen und zum anderen die aus diesen Entscheidungen resultierenden Konsequenzen für den Wehrpflichtigen und die Grundrechtssystematik aufgezeigt werden.

4.2.1. Bundesverwaltungsgericht

Das Bundesverwaltungsgericht argumentiert rein formal und begründet seine Vereinbarkeitsfeststellung mit einem einzigen Satz: „Denn durch die nach dem Grundgesetz (Art. 73 Nr. 1) zulässige und daher mit den durch das Grundgesetz geschützten Menschenrechten vereinbarte Forderung, sich einer gesetzlich geregelten militärischen Waffenausbildung zu unterziehen und gegebenenfalls in einem Verteidigungskriege militärischen Einsatz zu leisten, kann auch das Grundrecht auf Achtung vor der Würde des Menschen nicht angetastet sein[3]." Auf die von Beginn der Wehrdiskussion an strittige Frage, ob durch die Einführung der allgemeinen Wehrpflicht möglicherweise gegen höherrangiges Verfassungsrecht verstoßen wurde[6], geht das Bundesverwaltungsgericht nicht ein.

4.2.2. Bundesverfassungsgericht

Das Bundesverfassungsgericht dagegen greift dieses Problem ausdrücklich auf[7], verneint aber dann einen Verstoß der durch die 1. Wehrergänzung eingefügten Kompetenznorm des Art. 73 Nr. 1 GG[8] gegen die Menschenwürde und andere Verfassungsprinzipien. Zur Begründung führt das Bundesverfassungsgericht 5 Argumente an:

Zum ersten wird darauf hingewiesen, daß die allgemeine Wehrpflicht „heute in fast allen freiheitlich demokratischen Staaten, auch in den dauernd neutralen" besteht. Ein Argument ohne große Bedeutung, da in diesen Ländern eine dem speziell nachkriegsdeutschen Art. 1 I GG entsprechende Bestimmung in der Regel fehlt.

Das folgende zweite Argument beinhaltet die Behauptung, daß sich in der allgemeinen Wehrpflicht ideelle Grundprinzipien eines demo-

---

[5] s. dazu: Verhandlungen des Deutschen Bundestages, Sten. Berichte, Bd. 10, 1952, S. 8095 - 8248.
[6] s. dazu: *Maunz* in Maunz / Dürig / Herzog, Art. 12 a, Rdn. 38 und *Wolfgang Martens*, Grundgesetz und Wehrverfassung, 1961, S. 65 ff.; allgemein zu diesem Problem: *Otto Bachof*, Verfassungswidrige Verfassungsnormen, Recht und Staat, Heft 163/164, 1951; s. auch *Maunz* in Maunz / Dürig / Herzog, Art. 93, Rdn. 21 - 23 und BVerfGE vom 15. 12. 1970, NJW 71, S. 275 ff.
[7] BVerfGE 12, 45 (50).
[8] 4. Gesetz zur Ergänzung des Grundgesetzes vom 26. 3. 1954, BGBl. I, S. 45.

kratischen Gemeinwesens in besonders deutlicher Weise dokumentierten. Daß dieses Argument der Demokratieadäquanz in höchstem Maße zweifelhaft ist, wurde bereits oben im historischen Teil dargetan.

Dasselbe gilt von den beiden folgenden, gleichfalls historischen Argumenten, die die allgemeine Wehrpflicht in die Tradition der preußischen Reformzeit des 19. Jahrhunderts zu stellen versuchen und auf Art. 133 WRV verweisen, der sich im Prinzip ebenfalls zur allgemeinen Wehrpflicht bekannt hatte. Auch diese Argumentationsweise entbehrt einer fundierten historischen Grundlage[9].

Als einzig bedeutsames Argument bleibt daher Argument 5, wonach es — dem Menschenbild des Grundgesetzes entsprechend — nicht grundgesetzwidrig sein könne, die Bürger zu Schutz und Verteidigung oberster Rechtsgüter der Gemeinschaft, deren personale Träger sie selbst sind, heranzuziehen[10].

Dürig hat sehr deutlich darauf hingewiesen, daß diese Art der Argumentation grundrechtlich ohne größere Bedenken nur dann hingenommen werden könnte, wenn wir nicht im sogenannten Atomzeitalter lebten. Angesichts der atomaren Waffenpotentiale stelle sich aber auch für diejenigen, die Töten im Verteidigungskriege mit ihrem Gewissen vereinbaren können, die Frage, ob Kriege überhaupt — also auch der gerechte Verteidigungskrieg — sinn- und zweckvoll seien, „weil jedes Sich-wehren im totalen Krieg ungleich mehr vernichtet, als überhaupt zu retten wäre"[11]. Hinter diesem Einwand *Dürigs* steckt die allgemeine Erkenntnis, daß Aussagen wie die des Bundesverfassungsgerichts nicht getroffen werden sollten, ohne neben dem normativen Kontext die Besonderheiten der konkreten Lebensverhältnisse, auf die die Norm bezogen ist, in die Untersuchung miteinzubeziehen[12]. Die Konsequenzen für den Wehrpflichtigen, für seine Würde und letztlich für die von Art. 1 I GG mitgeprägte Gesamtsystematik der Verfassung lassen sich nicht hinreichend verdeutlichen ohne die Zeichnung eines modernen Kriegsbildes mit seinen verschiedenen Konfliktarten.

---

[9] s. o. 2.2.5.
[10] Ähnlich G. *Krauß*, der versucht, das Recht des Staates auf den Wehrbeitrag des einzelnen aus Art. 1 I GG herzuleiten; wie 3.2.1. Fußn. 8, S. 597; a. A. Hamann / Lenz, S. 128; sie lehnen diese Formel ab, da sie der individualistischen Konzeption des Würdebegriffs zuwiderlaufe.
[11] *Dürig* in Maunz / Dürig / Herzog, Art. 2 Abs. 2, Rdn. 20; vgl. auch General *Schmückle*, in: „Christ und Welt" vom 26. 1. 1962: „Damit wird die bisherige Aufgabe des Soldaten, die Nation im Krieg zu schützen, unerfüllbar. Sie wird ersetzt durch das politische Bestreben, die Nation vor dem Krieg zu schützen, denn der allumfassende Krieg wäre die Vernichtung der Nation schlechthin."
[12] s. K. *Hesse*, Grundzüge des Verfassungsrechts der BRD, S. 19.

4.3. Inhaltliche Konkretisierung der Wehrpflicht an Hand des modernen Kriegsbildes

4.3.1. Das moderne Kriegsbild

Die Schätzungen hoher westlicher Generale über die Dauer einer bewaffneten Auseinandersetzung in Mitteleuropa schwanken zwischen 48 Stunden und 48 Monaten[13]. Aus dieser Differenz läßt sich bereits ermessen, welch erhebliche Unsicherheit über Verlauf und Ausmaß eines künftigen Krieges selbst unter Wehrexperten besteht. Weitgehende Einigkeit herrscht jedoch hinsichtlich der folgenden Klassifizierung heute möglicher Konflikte, wobei diese nicht unbedingt getrennt sukzessive, sondern teilweise kombiniert und zeitgleich ablaufen können[14]:

1. *Kalter Krieg,* dessen Ziel darin besteht, den Gegner ohne Waffengewalt zu einem bestimmten Verhalten zu zwingen. Dieser Konflikt im Freiraum zwischen Krieg und Frieden spielt sich vor allem im ideologischen und sozialpsychologischen Bereich ab.

2. Der *subversive Krieg.* Hierbei handelt es sich um Kampf im Untergrund gegen bestehende Ordnungsfaktoren mit paramilitärischen und militärischen Kräften, wobei mittelbar oder unmittelbar Unterstützung aus dem Ausland erfolgt, bis hin zur offenen Intervention.

3. Der *nicht-atomare Krieg.* Dies ist die offene, gewaltsame Konfrontation kriegsführender Mächte ohne Atomwaffen. Wegen der technischen Weiterentwicklung der automatischen Waffensysteme und der Fortschritte auf dem Gebiet der biologischen und chemischen Waffen bildet das Ausmaß der Zerstörung des 2. Weltkrieges kaum noch ein vergleichbares Vorstellungsbild.

4. Der *begrenzt-atomare Krieg.* Diese Art der Auseinandersetzung gestattet noch Operationen herkömmlicher Art. Atomwaffen werden nur auf taktischer Ebene eingesetzt. Die politische Führung ist in ihrer Handlungsfreiheit kaum eingeengt. Die größte Gefahr dieser Konfliktart ist die, daß sie als potentielle Vorstufe zur 5. Konfliktart betrachtet werden muß.

5. Der *total-atomare Krieg.* Hier werden thermonukleare Kampfmittel mit kaum vorstellbarer Wirkung gezündet[15]. Um dies zu ver-

---

[13] General *Gerd Schmückle,* in: „Der Spiegel" Nr. 41 vom 10.10.1962: „Bedingt abwehrbereit", S. 41.
[14] Zitiert nach *Wido Mosen,* Eine Militärsoziologie, 1967, S. 27/28; vgl. auch *Hans Adolf Jacobsen,* Zur deutschen „Daedalus"-Ausgabe, in: Strategie der Abrüstung, insb. S. 15 ff.: Das Bild des totalen Krieges.
[15] Während in Konfliktart 4. die Sprengkraft noch in Kilotonnen = 1000 t Trinitrotoluol (TNT) gemessen werden kann, erreichen die Sprengkörper

anschaulichen, sei in diesem Zusammenhang darauf hingewiesen, daß es heute möglich ist, einen einzigen modernen Düsenbomber mit Kampfmitteln zu bestücken, deren Zerstörungskraft größer ist, als die Summe aller im 2. Weltkrieg gezündeten Bomben.

Die Eskalation bis hin zur letzten Konfliktart ist auch bei konventionell begonnenen Kriegen äußerst wahrscheinlich. Schon *von Clausewitz* schrieb: „Der Krieg ist ein Akt der Gewalt, und es gibt in der Anwendung derselben keine Grenze; so gibt jeder dem anderen das Gesetz, es entsteht eine Wechselwirkung, die dem Begriff nach zum äußersten führen muß[16]." Und *Arthur S. Collins* jr., ehemals stellvertretender Oberbefehlshaber der US-Army in Europa, führt zu diesem Problem u. a. aus: „Meine an der Front gewonnene Erfahrung sagt mir, daß das Fehlen von Information, der Zeitdruck und das mörderische Geschehen auf beiden Seiten es unmöglich machen, die nukleare Eskalation unter Kontrolle zu behalten[17]."

4.3.2. Auswirkungen auf die Zivilbevölkerung

In diesem Zusammenhang wird ersichtlich, daß sich der Schutz der Zivilbevölkerung in modernen Kriegen auch bei größter Anstrengung nicht gewährleisten läßt. Dies verdeutlicht noch folgender Vergleich:

Im Ersten Weltkrieg starben etwa 9,8 Millionen Menschen. 9,3 Millionen fielen als Sodaten, 500 000 verloren als Zivilisten ihr Leben. Der Zweite Weltkrieg forderte 55 Millionen Tote. Davon war nur jeder zweite Soldat. Unter den Toten waren also ca. 27 Millionen Zivilpersonen.

Im Koreakrieg erreichte die Zahl der Opfer fast die des Ersten Weltkriegs (9,2 Millionen). Die Zivilbevölkerung trug die Hauptlast. Ihre Verluste waren ca. 5mal so hoch wie die der militärischen Einheiten (ca. 7,7 Millionen toter Zivilisten = 84 %)[18]. Dabei wurden im Korea-

---

im thermonuklearen Bereich Multimegatonnen-Stärke (1 Megatonne = 1 000 000 t TNT; dazu Ex-General *Wolf Graf Baudissin:* „Es kommt der Augenblick, wo jede Kriegsführung aufhört; von da an herrscht Kirchhofsruhe", in: Neue Rundschau, 3. Heft 1964, S. 467.

[16] Vom Kriege, 17. Aufl., 1966, S. 92.

[17] Taktische Atomkriegführung und die NATO: Lebensfähige Strategie oder Sackgasse?, in: Europäische Wehrkunde 26 (1977) 1, S. 11; s. auch: *H. Roth,* Oberst i. G., Zum Problem der Eskalation, in: Wehrwissenschaftliche Rundschau 1963, Heft 10; auch der Leiter des Instituts für Strategische Studien in London hält eine regionale Begrenzung des Atomkriegs für unmöglich, s. Südd. Zeitung vom 22. 10. 1980, S. 6; ebenso Ex-General *Haig,* Außenminister der USA. Er befürchtet eine „unverzügliche" Eskalation, s. Südd. Zeitung vom 12. 1. 1981, S. 6.

[18] Zitiert nach *O. Hahn / W. Heisenberg / C. F. v. Weizsäcker,* Ziviler Bevölkerungsschutz heute?, 2. Aufl., Sept. 1963

4.3. Inhalt der Wehrpflicht im modernen Krieg

krieg keine Kernwaffen eingesetzt, während nun in die Strategie der Großmächte Atomschläge auf die Ballungsräume der Großstädte eingeplant sind[19]. So hat die Sowjetunion mehrfach erklärt, auf die westlichen Großstädte losschlagen zu müssen, sobald ein Krieg sich zum Einsatz von Kernwaffen aufgeschaukelt hat. Nach dieser von den Sowjets in den 60er Jahren entwickelten Strategie (damals besaß die UdSSR weniger Kernwaffen als die USA, dafür aber größere, angeblich bis zu 100 Megatonnen) geht ein Krieg mit der Sowjetunion im nuklearen Stadium sofort in den Angriff auf die Zivilbevölkerung über[20]. Dies droht um so rascher zu geschehen, als der Einsatz taktischer Atomwaffen und der erste atomare Schlag in größerem Rahmen zum Abwehrkonzept der NATO gehören, die nur so ihre Unterlegenheit auf konventionellem Gebiet gegenüber dem Warschauer Pakt auszugleichen vermag[21]. Breite Flächenwirkung, Streuung[22], nicht durchkalkulierbare

---

[19] Im nuklearen Krieg lassen sich zwei Hauptstrategien unterscheiden: Counter *Force* Strategy (Einsatz gegen die gegnerischen Streitkräfte) und Counter *City* Strategy (sog. „Terrorangriffe").

[20] Dies ist völkerrechtswidrig. HDv 100/600, Rechtsgrundlagen für die Truppenführung, TF/R Juni 1975, Abschnitt: kriegsvölkerrechtliche Vorschriften, Nr. 705: „Nichtkombattanten dürfen nicht unmittelbar bekämpft werden, selbst wenn sie eine kriegswichtige Tätigkeit ausüben (z. B. Rüstungsarbeiter). Vor allem sind Terrorangriffe gegen die Zivilbevölkerung rechtswidrig." Daß die UdSSR weiterhin an dieser Taktik festhält, zeigt u. a. ein Artikel in der Sowjetskaja Rossija, wonach auch bei einem begrenzten Atomwaffeneinsatz der USA „Europa sofort in Flammen stünde", s. Südd. Zeitung vom 28. 10. 1980, S. 6.

[21] Zum konventionellen Kräfteverhältnis in Mitteleuropa, Stand 1979 (aus einer Antwort der Bundesregierung auf große Anfragen der SPD/FDP- und CDU/CSU-Bundestagsfraktionen):

	Nato	Warschauer Pakt
Divisionen	28	55 (in DDR, CSSR, Polen) + 33 kurzfristig aus der SU
Kampfpanzer	6 500	19 000 (DDR, CSSR, Polen) + 8 500 kurzfristig aus der SU
Geschütze	2 600	5 800
Mehrfachraketenwerfer	200	1 200
Kampfflugzeuge	2 230 (einschl. Frankreich)	2 800 + 1 100 kurzfristig aus Westen der SU

Witterungsverhältnisse, Rückstandsstrahlung in Form neutroneninduzierter Strahlung oder radioaktiven Niederschlags tragen ein weiteres zur Rechtfertigung der Feststellung bei, daß beim Einsatz von Atomsprengkörpern auf die Zivilbevölkerung, selbst wenn man es wollte, gar nicht in ausreichendem Maße Rücksicht genommen werden kann.

Obwohl auf westlicher Seite immer wieder betont wird, die Zivilbevölkerung weitestgehend schützen zu wollen, läßt sich diese Aussage — beim Einsatz von Atomsprengkörpern besonders deutlich — als eine verbale Absichtserklärung kennzeichnen, der in der Praxis mit äußerster Skepsis zu begegnen ist: Die große Reichweite der Einsatzmittel erfordert eine entsprechend tiefe Aufklärung in das vom Feind kontrollierte Gebiet hinein. Diese Aufklärung ist oft nicht einmal hinsichtlich der Feststellung der Zielart, Ziellage und Zielausdehnung in exakter Weise möglich, so daß der Einsatz von Atomsprengkörpern in der Regel auf Grund unzureichender Aufklärungsergebnisse, ohne genaue Kenntnis der Feindlage und der vermuteten Feindabsicht, ohne Kenntnis eventueller Evakuierungsmaßnahmen, was den Schutz der Zivilbevölkerung betrifft, letztlich „auf gut Glück" erfolgen wird.

4.3.3. Konsequenzen für den Wehrpflichtigen

Dem einzelnen die allgemeine Wehrpflicht aufzuerlegen, heißt also, ihm zumuten, im Rahmen der oben skizzierten Konfliktarten bis hin zur äußersten Eskalation sowohl aktiv mitzuwirken und dabei nicht nur feindliche Soldaten, sondern auch unbeteiligte Zivilisten zu töten, als auch passiv die Wirkungen der Vernichtungswaffen über sich ergehen zu lassen.

4.3.3.1. *Zur Existenz- und Würdevernichtung des Wehrpflichtigen*

Die Vernichtung einer gewissen Zahl eigener Soldaten ist in jedem Verteidigungskonzept, auch in dem der Bundeswehr, miteinkalkuliert[23]. Erschwerend gegenüber früheren Kriegen kommt für den einzelnen Soldaten hinzu, daß er nicht mehr nur situationsbedingt, von Fall zu Fall in ausweglose Situationen geraten kann, sondern daß er im Rahmen einer ganzen, zum Verteidigungskonzept gehörenden Konfliktart praktisch keine Möglichkeit mehr hat, handelndes Subjekt zu sein, sondern nur noch ohnmächtig erduldendes Objekt sein wird. Man muß indes gar nicht bis zur fünften Konfliktart[24] gedanklich vordringen, um

---

[22] Streuung tritt immer auf, außer bei *verlegten* Atomsprengladungen.
[23] Vgl. o. 2.2.9. die Aussagen der Bundesregierung zur Schaffung eines möglichst großen Reservistenstammes.
[24] s. o. 4.3.1.

4.3. Inhalt der Wehrpflicht im modernen Krieg

das totale Ausgesetztsein des Individuums im Kriege zu demonstrieren. Wer mit Weltkriegsteilnehmern über deren Fronterlebnisse gesprochen hat, weiß beispielsweise um die Todesangst, die den Infanteristen beim Durchbruch feindlicher Panzer befällt. Wer die technische Perfektionierung auf dem Sektor der Panzerwaffe mitverfolgt[25], der muß gar nicht die Möglichkeit des Einsatzes von Napalm, Nervengasen, biologischen Kampfstoffen, taktischen und strategischen Atomwaffen heranziehen, um zu dem Schluß zu gelangen, daß in diesem kriegstechnischen Inferno der Mensch nichts mehr zu suchen hat.

Um hier jedoch nicht auf ein emotionales Abstellgleis zu gelangen, gilt es zwischen der ausschließlich zu Verteidigungszwecken (s. Art. 26 GG) erfolgten Schaffung der allgemeinen Wehrpflicht und der der eigenen Nation von fremden Mächten aufgezwungenen Kriegssituation streng zu differenzieren[26]. Es ist erforderlich, die Gefahren für die Würde des einzelnen durch die Schaffung der allgemeinen Wehrpflicht und jene Gefahren, die aus der Kriegslage erwachsen, auseinanderzuhalten. Wäre beispielsweise die Lebensvernichtung des einzelnen Wehrpflichtigen eine unmittelbare Folge der Einführung der allgemeinen Wehrpflicht, so verstieße die Schaffung dieses Instituts offensichtlich gegen Art. 1 I (und 2 II) GG und wäre nichtig. Unmittelbare Ursache für die Existenzvernichtung wird im Kriegsfalle jedoch der von außen an die Nation herangetragene Angriff einer feindlichen Macht sein. *Mitursache* ist die Schaffung der allgemeinen Wehrpflicht nur insofern, als sie eine generelle Entscheidung für die Möglichkeit einer kriegerischen Auseinandersetzung und eine Entscheidung gegen eine rein pazifistische Politik bis hin zur Möglichkeit der Aufgabe der nationalen Identität bedeutet.

Ob darin ein Verstoß gegen Art. 1 I GG erblickt werden kann, ist fraglich[27]. Die Parallelen zur individuellen Notwehr werden von der herrschenden Meinung als so offenkundig empfunden, daß an der Rechtmäßigkeit eines „gerechten Verteidigungskrieges" und damit an der Einführung der militärisch für erforderlich gehaltenen allgemeinen Wehrpflicht in der Regel nicht gezweifelt wird[28].

---

[25] Die Weiterentwicklung der Panzerwaffe brachte vor allem: eine immense Steigerung der Beweglichkeit und der Fahrgeschwindigkeit, Verstärkung der Panzerung, Erhöhung der Feuerkraft, Feuergeschwindigkeit und Treffgenauigkeit, die Möglichkeit im Fahren zu schießen, die Ausrüstung mit Nachtsichtgeräten, die Möglichkeit Flüsse zu durchtauchen u. a.

[26] Wie auslegungs- und mißbrauchsfähig der Begriff der „Verteidigung" jedoch sein kann, zeigt sich deutlich an der aktuellen Debatte über die Zulässigkeit eines Bundeswehreinsatzes zum Schutze der Seewege zur Ölversorgung.

[27] Vgl. dazu im einzelnen unter 4.4., Auswirkungen auf die Grundrechtssystematik, Rechtspolitische Konsequenzen.

[28] s. *Dürig* in Maunz / Dürig / Herzog, Art. 2 II, Rdn. 19.

4.3.3.2. Die Nichtbegrenzbarkeit des Waffeneinsatzes auf Kombattanten

Beim Einsatz von Atomsprengkörpern wird das Betroffensein von Zivilpersonen besonders deutlich[29]. Unter dem Aspekt gelingender Selbstdarstellung und der damit korrespondierenden Pflicht staatlicher Stellen, Selbstdarstellungsnöte zu verhindern, ergibt sich daher eine Würdetangierung wegen der mit der Wehrpflicht verbundenen Erzeugung eines ausweglosen Gewissenskonflikts. Der Wehrpflichtige kann sich nämlich nach geltendem Recht nur der Beteiligung an *jeder* Waffenanwendung, nicht aber der Beteiligung an bestimmten Konfliktarten oder dem Einsatz bestimmter Waffen widersetzen[30].

Ein eventueller Einwand, der Wehrpflichtige gehöre nicht zum Kreis jener, die über den Atomeinsatz entscheiden und den Einsatz auslösen, ist nur bedingt richtig:

Die Bundesrepublik Deutschland hat keine Verfügungsgewalt über ABC-Waffen. Die grundsätzliche Entscheidung zum Einsatz der im Gewahrsam der USA befindlichen und erst durch die USA freizugebenden Atomsprengkörper liegt bei der obersten militärischen Führung der NATO.

Das Bild vom amerikanischen Präsidenten oder einiger hoher Generale, die auf den roten Knopf drücken, ist jedoch insofern unvollständig, als ja Atomsprengkörper nicht nur auf ungelenkten Interkontinentalraketen zum Einsatz gebracht, sondern auch als Atomgefechtsköpfe von Geschützen abgefeuert, von Flugzeugen abgeworfen oder als Atomsprengladungen verlegt werden, Einsatzarten, in deren Mechanismus auch der Wehrpflichtige im Mannschafts-, Unteroffiziers- und Offiziersrang eingegliedert ist. Im Wege der technischen Verfeinerung der Atomwaffen verlagert sich zudem die Verantwortungsebene immer weiter nach unten. Dies mag zum Teil erklären, daß die beabsichtigte Einführung der Neutronenwaffe in den Leutnantsrängen besonders leidenschaftlich diskutiert wurde und zu einer Reihe von Kriegsdienstverweigerungsversuchen in diesen Dienstgradgruppen geführt hat.

Eine Berufung auf § 11 I S. 3 SG ist erst in der konkreten Situation nach Erlaß des entsprechenden Befehls möglich und wird auf Grund der einmal gefallenen politischen Entscheidung und der Rechtsprechungstendenz des BVerfG keine Aussicht auf Erfolg haben[30]. Der Wehrpflichtige wird also gezwungen sein, unter Gewissenskonflikten Nichtkombattanten mitzuvernichten und auf Grund der oben gezeigten

---

[29] Wie sehr Zivilpersonen bereits in konventionellen Kriegen in Mitleidenschaft gezogen werden, zeigen die oben angeführten Prozentzahlen (4.3.2.).

[30] BVerfGE 12, 45 (46): „Nicht geschützt ist in Art. 4 Abs. 3 GG die ‚situationsbedingte' Kriegsdienstverweigerung, bei der die Teilnahme an einem bestimmten Krieg, an Kriegen bestimmter Art, unter bestimmten Bedingungen oder mit bestimmten Waffen verweigert wird"; vgl. auch *Hahnenfeld*, Wehrpflichtgesetz Kommentar, § 25, Rdn. 30 ff. mit weiteren Rechtsprechungsnachweisen.

Wahrscheinlichkeit der Eskalation[31] seinen Beitrag zur eventuellen Vernichtung der eigenen Nation[32], fremder Nationen, möglicherweise der gesamten Menschheit zu leisten.

4.4. Auswirkungen auf die Grundrechtssystematik Rechtspolitische Konsequenzen

Es wurde bisher bewußt vermieden, einen *Verstoß* der Wehrverfassung gegen die Würdenorm festzustellen. Vielmehr wurden die Vokabeln „Spannungsverhältnis" oder „Tangierung" gebraucht. Damit sollte die unreflektierte Annahme von sog. Verfassungsunrecht ausgeschaltet werden.

Daß ein Spannungsverhältnis zwischen dem Institut der allgemeinen Wehrpflicht und der Würdenorm besteht, ist vor allem durch die Ausführungen zu Inhalt und Tragweite der Wehrpflicht deutlich geworden[33]. Daß Spannungen zwischen einzelnen Grundrechtsvorschriften existieren, ist indes nichts Besonderes. Spannungsverhältnisse ziehen sich quer durch die gesamte Verfassung, sie bestehen im Verhältnis von Individual- zu Gemeinschaftsinteressen, im Verhältnis verschiedener Grundrechtsträger zueinander oder auch dort, wo sich Verfassungsnormen in bezug auf ein und denselben Normadressaten in der gleichen Situation als einander widersprüchlich erweisen[34].

Von Verfassungsunrecht hinsichtlich der „Sekundärnorm" des Art. 12 a GG könnte man also nur dann sprechen, wenn diese Spannung im Hinblick auf die „Primärnorm" des Art. 1 I GG, einer nach der BVerfG-Rechtsprechung höherrangigen Fundamentalnorm, „ein nicht mehr erträgliches Maß" erreichen würde[35]. Dies anzunehmen dürfte — trotz emotionaler Verlockungen — z. Z. beim Institut der allgemeinen Wehrpflicht wohl schon deshalb auf ein rechtspolitisches und verfassungsrechtliches Abstellgleis führen, als — abgesehen von der einhelligen Rechtsprechung von Bundesverfassungsgericht und Bundesverwaltungsgericht — die Bevölkerung — aus welchen Gründen auch immer — nunmehr wohl zum überwiegenden Teil bejahend hinter den Unterhalt eigener Streitkräfte auch in der Form von Wehrpflichtigen-

---

[31] s. o. 4.3.1.
[32] Vgl. General G. *Schmückle*, wie Fußn. 13.
[33] Man umgeht das Hauptproblem, wenn man wie *Maunz* bei der Frage der Verfassungsmäßigkeit des Art. 12 a GG die Argumentation auf die Rechtmäßigkeit der Einschränkung der Berufs- und Arbeitsfreiheit beschränkt, s. Maunz / Dürig / Herzog, Art. 12 a, Rdn. 38.
[34] Dazu eingehend *Peter Schwacke*, Grundrechtliche Spannungslagen, DÖV-Schriftenreihe, Stuttgart/Berlin/Köln/Mainz 1975.
[35] Vgl. BVerfGE 3, 225; BGHZ 1, 274.

4. Art. 1 GG und das Institut der allg. Wehrpflicht

verbänden stehen dürfte und man in der politischen Realität seit nunmehr fünfundzwanzig Jahren mit der Wehrpflicht und der Würdenorm zu leben verstand.

Diese erwiesene Möglichkeit des praktischen Nebeneinanders von Würdenorm und Wehrpflicht über ein Vierteljahrhundert hinweg kann auch hinsichtlich der Beurteilung der materiellen Verfassungsmäßigkeit der allgemeinen Wehrpflicht nicht unberücksichtigt bleiben. Ein Negieren dieser politisch-praktischen Realität, ein Hinwegschieben dieses Teils von „Verfassungswirklichkeit" hieße die normative Kraft der „Verfassung", hier der ursprünglichen Primärnorm des Art. 1 I GG, überdehnen. Wilhelm Hennis liegt hier durchaus auf der Linie des BVerfG[36], wenn er feststellt, daß bei verfassungsrechtlichen Spannungslagen „in aller Regel ... durch Staatspraxis und vernünftige Interpretation Abhilfe möglich"[37] ist. Unmöglich wird nach seiner Ansicht eine Abhilfe nur dann, „wenn man an die Verfassung die starre Elle eines Maßstabes anlegt, dem sich die Wirklichkeit zu fügen hat"[37]. Die oben aufgezeigten Konsequenzen für den Wehrpflichtigen und die Zivilbevölkerung im Kriegsfall zeigen sehr deutlich, daß zwischen Würdenorm und algemeiner Wehrpflicht ein Spannungsverhältnis am Rande des verfassungsrechtlich Erträglichen besteht. Es wäre daher verfehlt, es bei einer Vereinbarkeitsfeststellung bewenden zu lassen. Vielmehr ergibt sich aus der Natur einer Verfassung als rechtlicher Grundordnung des Gemeinwesens gerade für derartige Grenzfälle eine Verpflichtung des Staates zu ständigem Bemühen um Spannungsabbau. Nur so kann der totalen Preisgabe des Normativen (d. h. hier der Würdenorm) an die Faktizität (d. h. die faktische Realität der allgemeinen Wehrpflicht[38]) vorgebeugt werden, nur so kann die Verfassung im Interesse des Staatsganzen ihre stabilisierende und rationalisierende Wirkung[39] behalten.

---

[36] BVerfG 3, 225; ebenso BGHZ 1, 274. Danach sind Widersprüche innerhalb des Grundgesetzes möglichst anders zu beheben als durch die Erklärung der Verfassungswidrigkeit und „Nullifizierung" eines Verfassungssatzes.

[37] *Wilhelm Hennis*, Verfassung und Verfassungswirklichkeit, RuSt. 373/374, Tübingen 1968, S. 36. Hierbei wird ersichtlich, daß das Maß der Spannungsverträglichkeit auch vom Verfassungsverständnis des einzelnen abhängt, insbesondere davon, wie eng oder weit er die Grenzen der normativen Kraft der Verfassung gezogen sieht; vgl. auch *K. Hesse*, Die normative Kraft der Verfassung, S. 3 unter Bezug auf *Ferdinand Lasalles* These, wonach die *wirkliche* Verfassung (im Gegensatz zur *rechtlichen* Verfassung) aus den im Lande tatsächlich gegebenen Machtverhältnissen besteht.

[38] Das begriffliche Gegensatzpaar „Verfassung" und „Verfassungswirklichkeit" umschreibt die verfassungsrechtliche Situation insofern nicht mehr ganz exakt, als auch die allg. Wehrpflicht durch die Aufnahme in die Verfassung Bestandteil derselben geworden ist. Wenn hier dennoch die allg. Wehrpflicht zumindest in die Nähe der Verfassungswirklichkeit gerückt werden soll, so deshalb, weil sich die allg. Wehrpflicht auf Grund ihrer Entstehungsgeschichte mehr als Produkt der Faktizität, denn als Ergebnis normativer Deduktion erwiesen hat.

4.5. Spannungsabbau zwischen allgemeiner Wehrpflicht und Art. 1 I GG

4.5.1. Priorität des Art. 1 I GG

Nach der Rechtsprechung des BVerfG stellt die im Grundrechtsabschnitt enthaltene Wertordnung zugleich eine Wert*rang*ordnung dar[40]. Dies ist bei aller Problematik einer damit im Ansatz verbundenen Verabsolutierung von Werten[41] im Hinblick auf *jene* Verfassungssätze zu bejahen, denen durch Aufnahme in die sog. „Ewigkeitsklausel" des Art. 79 III GG gegenüber den anderen Verfassungssätzen zusätzliches Gewicht verliehen wurde. Vergleicht man nun die Würdenorm der allgemeinen Wehrpflicht, so zeigt sich im Rahmen der geltenden Verfassung auf Seiten der Würdenorm Alternativlosigkeit und Festschreibung in Art. 79 III GG, seitens der allgemeinen Wehrpflicht dagegen die Alternative des Freiwilligenheeres und das Fehlen einer Bestandsgarantie[42]. Wie die Ausführungen im historischen Teil gezeigt haben, verhalten sich Staatsform und Wehrform zueinander neutral. Demokratie im materiellen Sinne verlangt also keineswegs nach der Wehrform der allgemeinen Wehrpflicht, so daß sich diese auch nicht über das Demokratieprinzip des Art. 20 GG in den Wirkungsbereich der Ewigkeitsklausel drängen kann. Nimmt man die entschiedene, schrankenfreie Formulierung, die systematische Stellung der Würdenorm, die Entstehungsgeschichte beider Vorschriften und die (bisweilen nur verbale, aber immerhin durchgehend vorhandene) überragende Bedeutungszuweisung für die Würdenorm durch die Rechtsprechung hinzu, so ist die Richtung angegeben, zugunsten welchen Spannungspols der Spannungsabbau erfolgen sollte[43].

---

[39] *K. Hesse*, Grundzüge des Verfassungsrechts, S. 14.
[40] z. B. BVerfGE 7, 198 (215).
[41] Kritisch dazu: *Niklas Luhmann*, Grundrechte, S. 215 und *E. Denninger*, Staatsrecht 1, S. 27 u. 117, befürwortend: *W. Wertenbruch*, insb. S. 181 ff.
[42] Zum instrumentellen, nicht institutionellen Charakter des Art. 87 a GG s. *Dieter S. Lutz / Volker Rittberger*, Abrüstungspolitik und Grundgesetz, Baden-Baden 1976, S. 55 ff.; anders BVerfGE 28, 243 (261) in einem (nicht zu den tragenden Urteilsgründen zählenden) obiter dictum, wonach die Bundeswehr eine mit Verfassungsrang ausgestattete Institution sei; vgl. auch *Dürig* in Maunz / Dürig / Herzog, Art. 87 a, Rdn. 19.
[43] Vgl. auch *Hamann / Lenz*, Vorbemerkung, S. 124, der eine verfassungsimmanente Einschränkung des Art. 1 GG ablehnt, weil diese Norm als „oberste Staatszielbestimumng logischerweise nicht in einen Widerspruch zu der durch sie zu prägenden Gesamtrechtsordnung treten kann".

4.5.2. Ansatz im Bereich der "Verfassungswirklichkeit"

Der Spannungsabbau kann nur im Rahmen des politisch Möglichen erfolgen. Diese Aussage büßt nichts von ihrer prinzipiellen Richtigkeit ein, wenngleich der Begriff des "politisch Möglichen" sehr vage ist und im Zusammenhang mit den häufig zitierten "Sachzwängen" auch dazu herhalten muß, Entscheidungsunwilligkeit und Entscheidungsunfähigkeit von Politikern zu kaschieren. Es ist hier nicht der Platz, über die Bewegungsfreiheit der Bonner Militärpolitik angesichts der weltpolitischen Lage, der immensen Aufrüstung des Warschauer Paktes im Bereich der Mittelstreckenraketen, der Einbindung der Bundeswehr in die NATO usw. zu räsonieren. Eines aber kann festgehalten werden: Aus der restriktiven Tendenz des Grundgesetzes gegenüber der *militärischen* Sicherheitspolitik ergibt sich für die ansonsten strikt zu beachtende Dispositionsfreiheit der Parlamentsmehrheit und der von ihr getragenen Regierung über die Bundeswehr eine Beschränkung nach oben. Einer schrankenlosen Aufrüstung ist verfassungsrechtlich durch das Friedensgebot des Grundgesetzes (vgl. Präambel, Art. 4 III, 24, 25, 26 GG) eine Grenze gesetzt. Im Gegenteil läßt sich aus eben diesen Vorschriften eine verfassungsrechtliche Pflicht zur Abrüstung und zur Friedens- und Entspannungspolitik herleiten[44], eine Pflicht, deren Dringlichkeit durch die hier aufgezeigte Spannungslage zwischen der Würdenorm und der allgemeinen Wehrpflicht noch verstärkt wird.

Im historischen Teil wurde deutlich[45], daß die Rekrutierungsform der allgemeinen Wehrpflicht den Grundpfeiler der personellen Rüstung im Zeitalter der Massenkriege darstellt. Eine konsequente Abrüstungspolitik darf diese personelle Seite nicht übersehen und sollte die Möglichkeit der Abschaffung der allgemeinen Wehrpflicht zu Gunsten eines verfassungsrechtlich unbedenklich zulässigen Freiwilligenheeres[46] stets im Auge behalten.

---

[44] Eingehend dazu: *Lutz / Rittberger*, wie Fußn. 42, S. 83 ff. und S. 111 ff.
[45] s. o. 2.2.5.
[46] BVerfG-Urt. vom 13. 4. 1978, in: NJW 1978, 1245.

5. Würdeverletzungen im Wehrdienst

5.1. Beispiele aus den Jahresberichten des Wehrbeauftragten des Deutschen Bundestages

Beispiel 1

Ein Gruppenführer einer Ausbildungskompanie sagte zu einem Rekruten: „Sie sehen aus wie der Schläger von Palermo! Waren Sie einmal Rausschmeißer im ‚Goldenen Anker'?" Diesem Gruppenführer war von Untergebenen auch vorgeworfen worden, er tituliere sie mit „Ihr blöden Hunde" und „Ihr dummen Schweine". Der Gruppenführer gab seine unkorrekte Ausdrucksweise zu, meinte jedoch „nur" Ausdrücke wie „Dumme Typen" bzw. „Kanaken" gebraucht zu haben[1].

Beispiel 2

Ein Kompanieoffizier titulierte die ihm unterstellten Soldaten eines Zuges während der Ausbildung als „Sauhaufen" und fügte hinzu, sie bewegten sich, als ob sie „Contergan gefressen" hätten[1].

Beispiel 3

Ein Bataillonskommandeur beschimpfte einen Panzerfahrer, der beim Herausfahren aus einem Tiefwatbecken Begrenzungssteine angefahren hatte, als „dummen Hund" und „Schwein" und drohte, daß er geschossen hätte, wenn er eine Maschinenpistole zur Hand gehabt hätte[2].

Beispiel 4

Ein als Wachhabender eingesetzter Unteroffizier bedrohte während des Wachdienstes im Wachlokal einen ihm unterstellten Wachsoldaten mit seiner Dienstpistole. Er lud die Waffe durch, entsicherte sie, spannte den Hahn, zielte aus 2 Metern Entfernung auf den Kopf des Soldaten und rief ihm zu: „... und jetzt quieke wie ein Schwein!"

---

[1] Unterrichtung durch den Wehrbeauftragten, Jahresbericht 1976, BT-Drucksache 8/1581, S. 4.

[2] Unterrichtung durch den Wehrbeauftragten, Jahresbericht 1978, BT-Drucksache 8/2625, S. 9.

In gleicher Funktion und an verschiedenen Tagen schloß er einen Wachsoldaten ohne Grund für ca. 30 Minuten mit Handschellen an einen Heizkörper, sperrte einen anderen wiederum ohne Grund gewaltsam in eine Arrestzelle des Wachlokals und würgte einen vierten Soldaten.

Die so behandelten Soldaten wagten es nicht, die Vorfälle zu melden. Erst bei einem Kompanieabend machten sie gegenüber Vorgesetzten entsprechende Andeutungen[3].

Beispiel 5

Nach vorangegangenem Alkoholgenuß mißhandelten ein Unteroffizier und ein Fahnenjunker in einem Aufenthaltsraum (Kellerbar) ihrer Kasernenunterkunft einen den UvD-Dienst versehenden Unteroffiziersanwärter: Da dem Unteroffizier das Auftreten des UvD zu nachlässig erschien, kam es zu einem Wortwechsel. Nachdem der UvD einen ihm vom Unteroffizier erteilten Befehl ausgeführt hatte und den Vollzug melden wollte, schlug der Unteroffizier mit einem Gummiknüppel auf ihn ein, weil er sich über die vermeintlich nachlässige Haltung des UvD erboste. Dieser verhielt sich abwehrend, schlug aber nicht zurück. Nunmehr griff auch der Fahnenjunker ein. Er nahm zwar dem Unteroffizier den Schlagstock ab, schlug aber dann mit den Händen dem UvD ins Gesicht. Während der Mißhandlungen machten der Unteroffizier und der Fahnenjunker dem UvD Vorhaltungen darüber, wie wenig er mit einem „guten" Soldaten gemein hätte.

Danach erhielt der UvD einen zweiten Auftrag, nach dessen Erledigung er sich bei den beiden zurückzumelden hatte. Mit Angst vor weiteren Mißhandlungen kam der UvD zurück. Ihm wurden wiederum Vorhaltungen wegen seiner angeblich nachlässigen Haltung gemacht. Der UvD sollte „Grundstellung" einnehmen und wurde dabei durch Schläge mit dem Gummiknüppel vom Unteroffizier „korrigiert". Im folgenden wurde er mit weiteren Schlägen und Fußtritten mißhandelt. Als er fliehen wollte, wurde er von neuem geschlagen und mußte nach Aufforderung durch den Fahnenjunker kniend um „Gnade flehen". Der Fahnenjunker trennte ihm sodann die Dienstgradabzeichen von der Uniform ab, während der Unteroffizier seine Mißhandlungen fortsetzte. Danach gelang es dem UvD sich den Mißhandlungen zu entziehen, die insgesamt etwa eine Stunde gedauert hatten. Er erlitt eine Gehirnerschütterung, Schwellungen an Hand und Kopf, offene Wunden am Kopf sowie Prellungen am Rücken und mußte für 18 Tage in stationärer Behandlung im Krankenhaus verbleiben[4].

---
[3] Unterrichtung durch den Wehrbeauftragten, Jahresbericht 1976, BT-Drucksache 8/153, S. 4.

5.1. Beispiele aus den Jahresberichten des Wehrbeauftragten 75

Beispiel 6

Während eines Auslandsaufenthalts seines Zuges bezeichnete ein Oberleutnant einen Gefreiten vor anderen Soldaten mehrfach als „Blattmann", „Blattmacher" und „Blindfisch". Unter dem Gelächter von Kameraden und Soldaten des Gastgeberlandes befahl er ihm nach einer Schlauchbootfahrt, rückwärts in den Fluß zu treten. Als der Gefreite bis zum Hals im Wasser stand, befahl er ihm, Grundstellung einzunehmen.

Am folgenden Tag gab er demselben Soldaten den ernsthaft erscheinenden Befehl, als erster von einer Plattform aus etwa sechs Metern Höhe zu springen. Nach dem Hinweis des Gefreiten auf die Verletzungsgefahr erklärte der Oberleutnant, er hätte das Ganze nur inszeniert, um zu zeigen, wie dem Gefreiten die „Muffe" ginge.

Wieder einen Tag später sagte der Oberleutnant während einer Fahrt im offenen Wagen durch Waldgebiet zu dem Gefreiten, der sich durch Vorhalten seines Armes gegen überstehende Äste schützen wollte, der Gefreite brauche sich nicht zu ducken, da jeder Schlag ins Gesicht für ihn eine Schönheitsoperation sei[5].

Beispiel 7

Nach Alkoholgenuß schwärzten Soldaten einem neu zuversetzten Kameraden, der bereits im Bett gelgen hatte, das Gesäß mit Schuhcreme. Dabei kam es zu Handgreiflichkeiten. Der Soldat fiel aus dem Bett[6].

Beispiel 8

Ein Stabsunteroffizier wich beim Vollzug einer durch den Kompanieführer wegen leichteren Fehlverhaltens verfügten Besonderen Erzieherischen Maßnahme an sechs Soldaten von der ihm befohlenen Marschroute ab. Als er dabei mit der Gruppe einen Bachlauf erreichte, ließ er ihn nicht überqueren, sondern die Soldaten etwa 1200 m im Bachbett marschieren, weil sie ihre Spuren verwischen sollten. Dabei mußten sie bei Temperaturen um 0 °C mehrfach „volle Deckung" nehmen. Während des über 20 km langen Marsches erlitten zwei Soldaten

---

[4] Unterrichtung durch den Wehrbeauftragten, Jahresbericht 1978, BT-Drucksache 8/2625, S. 6.
[5] Unterrichtung durch den Wehrbeauftragten, Jahresbericht 1978, BT-Drucksache 8/2625, S. 9.
[6] Unterrichtung durch den Wehrbeauftragten, Jahresbericht 1977, BT-Drucksache 8/1581, S. 4 mit weiteren Beispielen von Würdeverletzungen auf Kameradschaftsebene (im Rahmen sog. „Aufnahmerituale").

Schwächeanfälle, die den Gruppenführer nicht hinderten, den Marsch fortsetzen zu lassen[7].

Beispiele dieser Art ließen sich in vielfältigen Varianten beliebig lange aneinanderreihen. Allein die dem Wehrbeauftragten im Laufe der Berichtsjahre bekannt gewordenen und in die Jahresberichte aufgenommenen Vorfälle könnten einige Broschüren füllen[8]. Dabei wird vom Wehrbeauftragten selbst wiederholt darauf hingewiesen, daß er sich auf die Darstellung „einiger Beispiele" aus einer „Vielzahl" beschränke[9]. Nicht einkalkuliert ist dabei die mit Sicherheit erheblich größere Zahl offiziell nicht erfaßter Fälle[10]. Soweit ersichtlich, gibt es bisher keine Untersuchungen zur Ermittlung der Dunkelziffer von Würdeverletzungen im Wehrdienst. Beispiel 4 zeigt jedoch, daß sich Wehrpflichtige selbst bei wiederholten und eklatanten Würdeverletzungen scheuen, Meldung zu erstatten. Im übrigen kann die Behauptung gewagt werden, daß jeder Wehrpflichtige — mit Ausnahme der durch besondere Brutalität aus dem militärischen Alltag herausragenden Beispiele 4 und 5 — von offiziell nicht erfaßten Würdeverletzungen der geschilderten Art berichten kann, sei es, daß er sie am eigenen Leib erfahren oder als Zeuge erlebt hat.

5.2. Auswertung der Beispiele

5.2.1. Qualifizierung der Maßnahmen

In allen acht Beispielsfällen liegen Würdeverletzungen vor. Dies läßt sich über das bloße Rechtsempfinden hinaus auf Grund des oben[11] vorgeschlagenen methodischen Ansatzes aufzeigen: In den Beispielen 1 mit 6 werden vom Vorgesetzten Maßnahmen aus der zweiten Maßnahmegruppe (Maßnahmen gegen die unbeeinträchtigte Selbstdarstellung) getroffen. Diese Maßnahmen wären nur rechtmäßig, wenn Un-

---

[7] Unterrichtung durch den Wehrbeauftragten, Jahresbericht 1977, BT-Drucksache 8/1581, S. 4.
[8] Hierbei ist zu beachten, daß in den Jahresberichten Würdeverletzungen nicht immer in einem gesonderten Gliederungspunkt abschließend behandelt werden, sondern bisweilen im Rahmen anderer Gesichtspunkte, z. B. im Rahmen der „Grundsätze der Inneren Führung" angeführt werden (z. B. im Jahresbericht 1975, in: Zur Sache 1/76, Die Bundeswehr in Staat und Gesellschaft [VII], Hrsg.: Presse- und Informationszentrum des Deutschen BTs., S. 19 ff.).
[9] z. B. im Jahresbericht 1978, S. 8 u. 9, im Jahresbericht 1976, S. 4, im Jahresbericht 1975, S. 19.
[10] Vgl. Jahresbericht 1978, in dem der Wehrbeauftragte selbst erklärt: „Wertungen des Wehrbeauftragten stehen immer unter dem Vorbehalt, daß ihm nicht sämtliche, womöglich nur oder nicht einmal die schwersten Vorkommnisse bekanntgeworden sind" (S. 6).
[11] s. o. 3.5.

umgänglichkeit im Rahmen des Verteidigungsauftrages vorläge. Dies ist nicht der Fall: Der Würde des Menschen steht im Falle von Beleidigungen kein anderer Wert gegenüber, der rechtfertigende Wirkung entfalten könnte. Insbesondere kann die widerspruchslose Hinnahme von Beleidigungen kein Ausbildungsziel darstellen. Dies wäre ein falsches Verständnis von militärischer Disziplin.

Beispiel 7, wie die Beispiele 1 - 6 zu qualifizieren, zeigt, daß Würdeverletzungen nicht nur im Vorgesetzten-Untergebenen-Verhältnis, sondern auch auf Kameradschaftsebene stattfinden können[12].

Beispiel 8 ist nach der hier vertretenen Auffassung ebenfalls als Würdeverletzung zu qualifizieren: Die Maßnahme stammt aus der 1. Maßnahmegruppe (Lebensbedrohende Maßnahmen). Zumindest lag ein Zweifelsfall vor, da nicht mit Sicherheit ausgeschlossen werden konnte, daß die Gesundheitsbedrohung lebensgefährdende Ausmaße annehmen würde. Maßnahmen dieser Art — wie oben dargestellt[13] — sind im Frieden rechtswidrig und grundsätzlich verboten.

5.2.2. Offizielle Bewertung der Würdeverletzungen durch den Wehrbeauftragten und das Bundesministerium der Verteidigung

Auch in den Jahren relativ wenig bekanntgewordener Grundrechtsverletzungen[14] konstatiert der Wehrbeauftragte eine „gewisse Großzügigkeit und Sorglosigkeit von Vorgesetzten bei der Beachtung der Grundrechte"[15] und betont in derartigem Zusammenhang, daß eine Grundrechtsverletzung nicht erst dann Aufmerksamkeit erhalten dürfe, „wenn sie von Gewicht ist"[16]. Auch kleinere Grundrechtsverletzungen würden von den Soldaten in der Regel genau registriert[17] und wirkten sich negativ auf die Dienstmotivation aus. „Ein Soldat, der die Wertordnung des Grundgesetzes im täglichen Dienstbetrieb nicht respektiert sieht, wird nur schwerlich die Notwendigkeit seines Dienstes für die Gemeinschaft einsehen[18]." Der Wehrbeauftragte bedauert in diesem Zusammenhang, daß bei manchem Vorgesetzten die Bereitschaft fehle zu erkennen, „daß ein Untergebener nicht anders zu behandeln ist, als man selbst behandelt werden will". Dies wirke sich

---

[12] Würdeverletzungen auf dieser Ebene entstehen häufig bei „geselligen Veranstaltungen" und sog. „Einführungsritualen", vgl. Jahresbericht 1978, wie Fußn. 2, S. 8 u. 9.
[13] s. o. 3.5.
[14] z. B. in den Jahren 1975, 1976, 1977.
[15] Jahresbericht 1976, wie Fußn. 1, S. 4.
[16] Jahresbericht 1977, wie Fußn. 6, S. 4.
[17] Wie Fußn. 1, S. 4.
[18] Jahresbericht 1975, wie Fußn. 8, S. 12.

5. Würdeverletzungen im Wehrdienst

in Ausbildungseinheiten um so nachhaltiger aus, als dem jungen Wehrpflichtigen dort „die ersten und deshalb wohl auch bleibenden Eindrücke über die Streitkräfte vermittelt" werden[19].

In den Jahren 1978/1979 stellt der Wehrbeauftragte eine deutliche Zunahme der Zahl bekanntgewordener Würdeverletzungen fest. Besorgt äußert er sich insbesondere über den „rüden Ton", die „obszöne Sprache"[20] und über eine „Vielzahl unangebrachter und verletzender Äußerungen, die zum Teil mit Ausdrücken aus der Fäkaliensprache angereichert" werden[21]. Das Bundesministerium der Verteidigung erblickt wie der Wehrbeauftragte in derartigen Würdeverletzungen eine Gefährdung der Kampfbereitschaft insbesondere bei jungen Wehrpflichtigen. Es betont, daß „der Erfolg der Menschenführung, der Erziehung und der politischen Bildung in den betroffenen Verbänden" ... „durch das bedrückende Mißverhältnis der erlebten Wirklichkeit zu den Wertnormen unserer Verfassung in Frage gestellt" werde[22].

Trotz des erheblichen Anstiegs der Zahl von bekanntgewordenen Würdeverletzungen im Jahre 1978 glaubt der Wehrbeauftragte auf der Grundlage seiner „übergreifenden Erkenntnisse" „nicht den Schluß auf eine Verschlechterung insgesamt" ziehen zu müssen[23]. Dem schließt sich das Bundesministerium der Verteidigung ausdrücklich an[24]. Um den Eindruck in der Öffentlichkeit zu korrigieren, Rechtsstaatlichkeit, Disziplin und Ordnung in der Bundeswehr seien in bislang nicht gekanntem Maße gefährdet, veröffentlicht das Bundesministerium der Verteidigung gegenüberstehende Tabelle über besondere Vorkommnisse in den Jahren 1975 - 1978[24].

Dazu betont das Budesministerium der Verteidigung, daß sich im Berichtsjahr 1978 nur 5 von 41 714 Offizieren und 49 von 144 200 Unteroffizieren einer Grundrechtsverletzung schuldig gemacht hätten, ohne — und dies im Gegensatz zum Wehrbeauftragten — diese Aussage unter den Vorbehalt zu stellen, daß nicht sämtliche Würdeverletzungen offiziell erfaßt werden können.

Zur Beseitigung der bekanntgewordenen Mißstände erarbeiten der Wehrbeauftragte und das Bundesministerium der Verteidigung jeweils eine Reihe von Vorschlägen, die hier nur selektiv angeführt werden können, während im übrigen auf die einzelnen Jahresberichte verwie-

---

[19] Jahresbericht 1975, wie Fußn. 8, S. 19.
[20] Jahresbericht 1979, BT-Drucksache 8/3800, S. 6.
[21] Jahresbericht 1978, wie Fußn. 2, S. 9.
[22] Jahresbericht 1978 *mit Stellungnahmen*, Schriftenreihe Innere Führung, Heft 5/1979, S. 37.
[23] Jahresbericht mit Stellungnahmen, wie Fußn. 22, S. 33.
[24] Wie Fußn. 22, S. 38.

5.2. Auswertung der Beispiele

Besondere Vorkommnisse zu:

Art	1978	davon unter Alkohol	1977	davon unter Alkohol	1976	davon unter Alkohol	1975	davon unter Alkohol
Mißhandlung Untergebener	41	14	37	16	39	14	39	15
Entwürdigende Behandlung Untergebener	13	3	12	2	5	1	7	2
Mißbrauch der Befehlsbefugnis	1	1	5	—	—	—	2	2
Bedrohung und Nötigung von Vorgesetzten	56	28	69	24	52	31	79	34
Tätliche Angriffe gegen Vorgesetzte	164	117	175	113	184	120	372	142

sen werden muß[25]. Im Jahresbericht 1978 beispielsweise appelliert der Wehrbeauftragte „an die Vorgesetzten aller Ebenen":

— „Erziehung und Ausbildung im Bereich der Menschenführung zu intensivieren,

— Dienst- und Fachaufsicht wirksam werden zu lassen, so daß auch ‚verletzungsgeneigten' Situationen begegnet werden kann,

— das eigene, an den Normvorstellungen unserer Verfassung sich orientierende Rechtsempfinden zu schärfen und durch Beispiel die Untergebenen hierfür zu sensibilisieren"[26]. Übereinstimmung herrscht zwischen dem Wehrbeauftragten und dem Bundesminister der Verteidigung, „daß schwerwiegende Grundrechtsverstöße immer wieder vorkommen"[26], und daß Mißgriffe dieser Art „in den Streitkräften offenbar nicht auszurotten sind"[27]. Zwar reagierten die Vorgesetzten „in der Regel auf erkannte Verstöße angemessen", doch sei es erforderlich, von der bloßen Reaktion wegzukommen und mit steuernden Gegenmaßnahmen „im Vorfeld von Grundrechtsverletzungen" anzusetzen.

---

[25] Auch die Verhandlungsprotokolle des Deutschen BT zu den jeweiligen Beratungen der Jahresberichte des Wehrbeauftragten enthalten Vorschläge aller im BT vertretenen Fraktionen zur Beseitigung der Mißstände.
[26] Jahresbericht 1978 mit Stellungnahmen, wie Fußn. 22, S. 43.
[27] Jahresbericht 1979, wie Fußn. 20, S. 6.

Trotz der erkannten Schwere und Tragweite der bekanntgewordenen Würdeverletzungen kommen der Wehrbeauftragte und das Bundesministerium der Verteidigung übereinstimmend zu der Überzeugung, daß die Folgerungen, die aus diesen Grundrechtsverletzungen zu ziehen seien, „*nicht im Grundsätzlichen*" lägen[28].

5.2.3. Weiterführende Auswertung

Die offizielle Version zu den Würdeverletzungen im Wehrdienst und ihren Ursachen vermag nicht zu befriedigen. Dies gilt für zwei Punkte in besonderem Maße: zum einen für die geradezu resignative Feststellung der Unausrottbarkeit von verbalen Würdeverletzungen, zum anderen für die überraschende Folgerung, daß Konsequenzen nicht in grundsätzlichen Bereichen zu ziehen seien. Gerade in letzterer Aussage dokumentiert sich der bewußte oder unbewußte Versuch, die Verantwortung aus dem prinzipiellen Organisationsbereich zu verdrängen und auf eine ausschließlich individuelle Ebene zu verlagern. Die Schuld wird einzelnen Vorgesetzten zugeschoben, die Fragestellung, inwieweit die Verletzungen prinzipiell-organisatorischer Natur, d. h. systemimmanent sind, wird damit vermieden. Sicher spielen die charakterliche Veranlagung und die Intensität der Dienstaufsicht beim Zustandekommen von Würdeverletzungen eine nicht unerhebliche Rolle. Damit sind jedoch die tieferliegenden Ursachen nicht angesprochen. Diese freizulegen, soll im folgenden versucht werden:

5.2.3.1. *Allgemeines*

Die Würde eines Menschen kann nur im Rahmen einer zwischenmenschlichen Beziehung verletzt werden. Die Gleichwertigkeit der Beziehungsbeteiligten ist ein konstitutives Element der Würdeverletzung. Dabei resultiert die Gleichwertigkeit allein aus der objektiven Gegebenheit menschlichen[29] Da-Seins. Das *Bewußtsein* der Gleichwertig-

---

[28] Vgl. *Dürig* in Maunz / Dürig / Herzog, Art. 1 Rdn. 41: Art. 1 I GG dient gerade auch dazu, *systematische* Ehrverletzungen abzuwehren. „Er verhindert das Ausgeliefertsein an ein System, das in solchen Fällen keinen Schutz gewährt, das solche Fälle gar duldet oder legalisiert." Als Beispiel bringt Dürig das „Verpassen von viel zu großen Uniformstücken, um Rekruten erst einmal lächerlich zu machen".

[29] Angriffe durch ein Tier beispielsweise tangieren die Würde nicht. Ebensowenig ist eine Maschine als solche in der Lage, die Würde eines Menschen zu verletzen. So kann man z. B. die wiederholt falsche Wiedergabe persönlicher Daten durch einen Computer nicht dem Computer anlasten (obwohl „er" in personifiziertem Sprachgebrauch immer häufiger von den Verantwortlichen zum Prügelknaben gemacht wird), sondern den dahinterstehenden Menschen, die sich weigern, dem Computer die entsprechenden Datenkorrekturen einzugeben.

5.2. Auswertung der Beispiele

keit als ein subjektives Element ist dagegen kein konstitutives Element der Würdeverletzung, sondern lediglich Voraussetzung für ein Verletztseinsempfinden. Nicht die Beziehungsbeteiligten entscheiden über das Vorliegen einer Würdeverletzung, sondern der in Normen zum Ausdruck gebrachte Wille der Gemeinschaft. Auf seiten des Verletzers wird das Bewußtsein der Gleichwertigkeit sogar häufig fehlen oder verdrängt und durch soziale, nationale, religiöse, rassische etc. Überheblichkeit ersetzt sein. Wenngleich nicht konstitutiv für eine Würdeverletzung, ist das Bewußtsein der Gleichwertigkeit gerade im militärischen Bereich von größter Bedeutung, da es häufig eine Voraussetzung für die Aufdeckung und Verfolgung von Würdeverletzungen darstellt.

Die aus Art. 1 I S. 2 GG folgende Schutz- und Achtungspflicht gebietet staatlichen Stellen, nicht nur auf Würdeverletzungen zu *reagieren*, sondern nach Möglichkeit durch *vorbeugende* Maßnahmen Verletzungen zu verhindern. Eine wichtige Vorbeugemaßnahme könnte darin bestehen, das Würdebewußtsein des einzelnen zu schärfen und ihn zur Wahrnehmung seiner Rechte anzuhalten[30]. Überließe man Großorganisationen mit hierarchischer Ordnung ihrer Eigendynamik, so würde sich wohl von oben herab das Wertbewußtsein immer mehr dem Rangbewußtsein bis hin zur Übereinstimmung annähern. Nicht mehr die prinzipielle Gleichwertigkeit aller Menschen würde das Gesamtbild der Organisation prägen, sondern die Rang- und die daraus abgeleitete Wertverschiedenheit von Offizieren, Unteroffizieren und Mannschaftsdienstgraden. Der Gesetzgeber hat diese Gefahr sehr wohl erkannt und eine Reihe entsprechender Gesetze und Einzelvorschriften erlassen[31]. Daß das Problem von Würdeverletzungen im Wehrdienst damit jedoch nicht vollends gelöst werden kann, zeigt sich gerade auch an den Jahresberichten des Wehrbeauftragten, in denen — trotz legislativer Bemühungen — immer wieder Würdeverletzungen konstatiert werden müssen.

In hierarchisch aufgebauten Organisationen lassen sich zwei große Beziehungsebenen freilegen: eine vertikale, das Verhältnis zwischen Vorgesetzten und Untergebenen und eine horizontale, die Beziehung zwischen den einzelnen Angehörigen der gleichen Dienstgradgruppe betreffend. Während die vertikale Beziehungsebene beherrscht wird vom Prinzip von Befehl und Gehorsam, ist bzw. sollte die horizontale Ebene geprägt sein vom Grundsatz der Kameradschaft[32].

---

[30] Vgl. den Jahresbericht 1978, wie Fußn. 2, S. 9 und den Jahresbericht 1979, wie Fußn. 20, S. 6.

[31] z. B.: Art. 45 b GG und das Gesetz über den Wehrbeauftragten des Bundestages vom 26. Juni 1957, BGBl. I, S. 652; § 12 SG; § 35 SG (Bestellung von Vertrauensmännern durch Wahl).

[32] Vgl. § 12 SG. Zu beachten ist hierbei, daß das Kameradschaftsprinzip nach den Idealvorstellungen des Gesetzgebers auch die vertikale Beziehung,

Obwohl Würdeverletzungen auf der horizontalen Beziehungsebene nicht ausgeschlossen sind[33], sind sie dort doch wesentlich seltener anzutreffen als im vertikalen Beziehungsgefüge. Sucht man nach einer Erklärung für dieses Phänomen, so drängt es sich geradezu auf, in der Unterschiedlichkeit der beiden beziehungsbeherrschenden Prinzipien eine der Hauptursachen zu sehen: das Befehls- und Gehorsamsschema wirkt insbesondere in seiner streng formalistischen, militärisch ritualisierten Art kommunikatonsverkürzend, während das Kameradschaftsprinzip dialogfördernd wirkt und dazu beiträgt, Würdeverletzungen in verbaler Auseinandersetzung zu verhindern, einzudämmen, durch Richtigstellungen zu beseitigen oder durch eine Entschuldigung zu entschärfen.

In den Jahren 1980/1981 wurden vermehrt Grundrechtsverletzungen in der Kameradschaftsebene bekannt. Vor allem der sog. *Pöppel*-Bericht, eine vom Bundesministerium der Verteidigung in Auftrag gegebene Studie zum Zustand der Inneren Führung in der Teilstreitkraft Heer, aber auch die Schrift *H. Gansers*, Technokraten in Uniform, weisen auf dieses Phänomen hin. Indes ergibt sich aus diesem Faktenmaterial kein Widerspruch zur oben aufgestellten These, daß das Kameradschaftsprinzip bei praktischer Realisierung Würdeverletzungen vermeiden hilft. Wenn z. Z. auf Kameradschaftsebene Brutalitäten mehr und mehr in den militärischen Alltag eindringen, so liegt dies vor allem an der Zerstörung des Zusammengehörigkeitsgefühls der Mannschaftsdienstgrade (z. B. durch die systematische Ungleichbehandlung von Rekruten und älteren Soldaten[34]) und nicht zuletzt durch die Neuorganisation der Bundeswehr (vgl. auch die Modellerprobungen im Rahmen des „Heeresmodells IV") und an der damit korrespondierend entstehenden Subkultur mit hierarchischem Aufbau innerhalb der Mannschaften, bekanntgeworden unter dem Schlagwort „Rotarschkultur"[35].

5.2.3.2. Horizontale Beziehungsebene

Neben der höheren Kommunikationsintensität wirken in der Kameradschaftsebene verletzungshemmend:

— die gemeinsam erlebte Unsicherheit in der neuen Umgebung,
— die gemeinsam empfundene Unterlegenheit und Gegnerschaft zu besonders autoritären Vorgesetzten,
— das gemeinsame Ertragen und Verarbeiten physischer und psychischer Belastungen,
— weitgehende Gleichaltrigkeit,

---

also auch das Verhältnis zwischen Vorgesetzten und Untergebenen prägen sollte: „Kameraden sind auch die Vorgesetzten und Untergebenen", *M. Rittau*, Soldatengesetz, § 12 Anm. 1; Im täglichen Dienstbetrieb ist davon jedoch in aller Regel nichts zu spüren.

[33] s. o. 5.2., Beispiel 7.
[34] Vgl. dazu unten 6.2.2.4.
[35] Vgl. dazu im einzelnen *H. W. Ganser* (Hrsg.), Technokraten in Uniform, 1980, S. 39 f. (zit.: *Ganser*).

5.2. Auswertung der Beispiele

— und die aus den vorgenannten Aspekten resultierende Ähnlichkeit der Bedürfnisse in und außer Dienst.

Wenn dennoch Verletzungen im Kameradschaftsbereich geschehen, so wiegen diese um so schwerer, als sie den einzelnen Wehrpflichtigen aus einer Ecke treffen, aus der er sie herkömmlicherweise nicht erwartet. Dies gilt vor allem auch in jenen Fällen, in denen er sich als einzelner einer geschlossenen Gruppe, z. B. den übrigen Stubengenossen, gegenübersieht. Im Gegensatz zu Verletzungen im vertikalen Beziehungsgefüge erlebt er hier neben der Antastung seines Eigenwerts zugleich den Bruch der Solidarität, der erschwerend ein Gefühl völligen Verlassenseins in ihm hervorrufen kann[36]. Betrachtet man die Situationen, in denen sich Würdeverletzungen im horizontalen Beziehungsgefüge am häufigsten ereignen, so erkennt man 3 Faktoren, die einzeln oder im Zusammenwirken eine maßgebende Rolle spielen:

Faktor 1: Alkoholisierter Zustand

Faktor 2: Zustand gesteigerter Aggressivität

Faktor 3: Imponiergehabe bei der Aufnahme von Neulingen in eine bestehende Gemeinschaft.

Es kann und soll hier nicht zu tief in Bereiche praktischer Politik eingedrungen und deshalb nur kurz angedeutet werden, wo der Hebel gegensteuernder Maßnahmen angesetzt werden sollte: Dem Alkoholmißbrauch kann begegnet werden durch strikte Beachtung des Alkoholverbots im Dienst, streng begrenzten Ausschank von Alkohol im Kasernenbereich nach Dienst und ein verbessertes Freizeitangebot. Faktor 3 kann weitgehend ausgeschaltet werden, wenn das vom Verteidigungsministerium bereits erlassene Verbot sog. „Aufnahmerituale" in der Truppe strikt befolgt wird und Verstöße konsequent und streng geahndet werden. Eine stillschweigende Duldung durch Vorgesetzte darf keinesfalls weiter praktiziert werden. Faktor 2 bereitet einige Schwierigkeiten, da die Ursachen gesteigerter Aggressivität sehr vielfältig sind[37]. Im Rahmen möglicher Gegenmaßnahmen sollte an eine Verbesserung der Wohnraumsituation gedacht werden. Eine Belegung von Stuben mit 9 und mehr Soldaten beschwört geradezu Konfliktsituationen herauf. Wo sich eine derartige Überbelegung nicht vermeiden läßt, sollte den Soldaten bei der Zusammensetzung der Stubengemeinschaft ein Mitspracherecht eingeräumt werden.

Am wichtigsten aber wird es sein, einer weiteren systematischen Zerstörung des Zusammengehörigkeitsgefühls entgegenzuwirken, eine

---

[36] Vgl. dazu *Maihofer*, oben 3.2.1.

[37] s. dazu *Alexander Vater*, Der Einfluß des Wehrdienstes auf das Aggressionsverhalten von Soldaten, Heidelberg 1977.

Entwicklung zu stoppen, die Anfang der 70er Jahre in Gang gekommen ist und mittlerweile als „Paradebeispiel technokratischer Problemlösung"[38] gegeißelt wird. Gemeint ist die „quartalsweise Auffüllung" und „Verwürfelung" der Wehrpflichtigen. Diese auch in der Bundeswehr benutzten Schlagworte seien kurz erklärt: Vor dem 1.1.1973 wurde die Gesamtausbildung der Wehrpflichtigen im sog. „Durchlaufverfahren" durchgeführt. Die Feldtruppenteile erhielten alle achtzehn Monate neue Rekruten und bildeten sie bis zum Abschluß der Vollausbildung aus. Die Wehrpflichtigen blieben also in der Regel jeweils achtzehn Monate zusammen. Seit dem 1.1.1973 wird so verfahren, daß — um zu vermeiden, daß ganze Kompanien zu Beginn der (reduzierten) fünfzehnmonatigen Ausbildung nur bedingt einsatzfähig sind[39] — jedes Quartal, durch Zwischeneinstellungen bedingt, manchmal sogar alle 6 Wochen, neue Soldaten in einsatzbereite Teileinheiten übernommen werden. Das „Verwürfelungssystem" bewirkt, „daß soziale Beziehungen und Bindungen, also integrierende Gruppenprozesse, kaum entstehen. Teams existieren zwar formal; Gruppen und Züge werden zahlenmäßig aufgefüllt. Damit läßt sich die äußere meßbare Präsenz vorzeigen. Die innere Präsenz, der für militärische Gruppen besonders notwendige innere Zusammenhalt, kann kaum entstehen, weil die wichtigen informalen Gruppenbeziehungen und die Kommunikation zwischen den Gruppenmitgliedern gar nicht erst richtig aufkommt"[40].

Die so zerstörte „kleine Kampfgemeinschaft" wieder herzustellen, ist wesentliche Voraussetzung zur Verhinderung eines weiteren Ansteigens von Würdeverletzungen im horizontalen Beziehungsgefüge.

5.2.3.3. Vertikale Beziehungsebene

Die Bedeutung echter Kommunikation in einem fairen Kommunikationsrahmen zum Zwecke der Würdewahrung sei an Hand eines Negativ-Beispiels verdeutlicht: Im Gespräch mit Vorgesetzten hat der Soldat grundsätzlich „Grundstellung"[41] einzunehmen. Dadurch ist er in seiner Selbstdarstellungsmöglichkeit in mehrfacher Weise eingeschränkt: zum einen darf er nur nach Aufforderung sprechen, zum anderen ist ihm die Möglichkeit genommen, durch Gestik seine Aussagen zu verdeutlichen, was bei verbal ungeübten Menschen erfahrungsgemäß zu beson-

---
[38] H. W. Ganser, S. 35.
[39] Weißbuch der Bundesregierung (zur Sicherheit der Bundesrepublik Deutschland und zur Entwicklung in der Bundeswehr) 1973/74, S. 110.
[40] H. W. Ganser, S. 36; vgl. auch unten 6.3.1.1., Der Wehrpflichtige als Opfer der Technisierung (Bürokratisierung und „computerisierte Menschenführung").
[41] „In der Grundstellung steht der Soldat still." ZDv 3/2 Formalausbildung, S. 9; s. eingehend unten 6.2.2.1.

deren Darstellungsschwierigkeiten führt. Dies fällt um so mehr ins Gewicht, als der Vorgesetzte seinerseits bis auf wenige Ausnahmefälle (z. B. bei formeller Meldung an ihn) keinen formalen Zwängen unterliegt.

Hinzu kommt, daß der Vorgesetzte regelmäßig die Kommunikationsherrschaft besitzt, da der Wehrpflichtige in eine verbale Verfahrensart gedrängt wird, in der er ungeübt ist, während der Vorgesetzte in langjähriger Praxis zu knapper Sprechweise erzogen wurde. Nicht selten erlebt man, wie Untergebenen schon im Ansatz mit Formulierungen wie: „Kommen Sie zur Sache, Mann!" oder „Erzählen Sie keine Märchen!" etc. über den Mund gefahren wird[42]. Die Folge ist in Regel die widerspruchslose, resignative Hinnahme nicht nur von Befehlen, sondern auch von Sachververhaltsinterpretationen, auch wenn sie nach der Überzeugung des Untergebenen zu seinen Ungunsten von der Wirklichkeit abweichen. Die typische Situation des „Treppenwitzes" wird zum militärischen Alltag: Dem Wehrpflichtigen fällt hinterher, d. h. nach Beendigung des „Gesprächs" mit dem Vorgesetzten ein, was er hätte sagen können und wie er es hätte formulieren müssen, um verbal zum Zuge zu kommen. Fatale Folge dieser Praxis ist um sich greifende Unsicherheit und Passivität des Untergebenen und ein übersteigertes Selbstbewußtsein der Vorgesetzten. Diese gewöhnen sich an das widerspruchlose Hinnehmen ihrer Vorstellungen, vereinzelt aufflackernde Einwände empfinden sie schnell als allgemeine Gefährdung der Disziplin. Ein Absinken ihrer Toleranzbereitschaft und eine Verabsolutierung ihres eigenen Standpunktes über den Dienstbetrieb hinaus (z. B. in allgemein politischen und sozialen Fragen) sind häufig die Folge.

Die negativen Auswirkungen einer derartigen Praxis permanenter Kommunikationsverkürzung können in ihrer Tragweite gar nicht überschätzt werden. Im Individualbereich führt diese verbale Entmündigung besonders bei sensiblen oder labilen Wehrpflichtigen zu psychischen Schäden, oft verbunden mit einer Flucht in den Alkohol. Die Grundstimmung vieler junger Menschen, die zum ersten Mal weg von der gesicherten Umgebung des Elternhauses in eine neue Gemeinschaft verpflanzt werden, wird in diesem Zusammenhang viel zu wenig beachtet. „Heimweh, Schwierigkeiten mit der neuen Umgebung, ein völlig neues Unterordnungsverhältnis und dazu ein bis dahin nicht gekanntes Lern- und Trainingsverhalten belasten junge Menschen in einem weit größeren Maße, als wir es gemeinhin annehmen[43]." Gerade

---

[42] Vgl. dazu Äußerungen des Wehrbeauftragten: „Bedenklich ist die Neigung einzelner Vorgesetzter, Untergebene, die unbequem erscheinen, in kurzer oder sogar scharfer Form ‚abzufertigen'." Jahresbericht 1975, wie Fußn. 8, S. 21; ähnlich im Jahresbericht 1978, wie Fußn. 4, S. 9: „Rüde Sprache ... und ruppiges, lautstarkes Abkanzeln sind eine Dauerbelastung für das Betriebsklima."

deshalb wirken sich verbale Entgleisungen von Vorgesetzten und die fehlende Möglichkeit verbaler Gegenwehr so fatal aus.

Es hieße die rechtlichen Kenntnisse, das verbale Vermögen und die Zivilcourage des Wehrpflichtigen überschätzen, wollte man in diesem Zusammenhang lediglich auf die rechtlichen Möglichkeiten, z. B. nach der Wehrbeschwerdeordnung, des Wehrpflichtigen verweisen. Erfahrungsgemäß ist das Vorgehen des Wehrpflichtigen mittels der Beschwerde nach wie vor die Ausnahme, das „Hinunterschlucken" von Unrecht die Regel.

Die Wirkung permanenter Kommunikationsverkürzung beschränkt sich jedoch nicht auf den Individualbereich, sondern erreicht auch überindividuelle, soziale Dimensionen: Demokratie lebt von der verbalen Auseinandersetzung, vom Pluralismus der Ideen. Militärisch knappe Sprechweise — in bestimmten dienstlichen Bereichen und Situationen durchaus erforderlich und angebracht — verführt bei langjährigem Gebrauch leicht zu theoretischer Problemverkürzung und pauschalierter Behandlung komplexer Sachverhalte. Die in Offiziers- und Unteroffizierscasinos immer wieder vertretene Ansicht, alle Langhaarigen seien verlauste und verkommene Menschen zweiter Ordnung, ist nur *ein* Beispiel auf einer verkürzten Sprech- und Denkweise basierenden Problemreduzierung[44].

Eine weitere sozial erhebliche, da demokratiegefährdende Wirkung der Kommunikationsverkürzung wird durch folgende Überlegung sichtbar: Der Wehrpflichtige kann sich schon auf Grund dieser verbalen Entmündigung nicht als „Bürger in Uniform" empfinden. Die Bundeswehr erhält ihr prägendes Siegel nicht von der demokratischen Basis, sondern von der politischen und militärischen Spitze her. Man sollte diese Tatsache nicht achselzuckend mit einem Hinweis auf Prinzipien repräsentativer Demokratie abtun, da es hier nicht um eine Mitwirkung der Wehrpflichtigen bei militärischen und politischen Grundentscheidungen und auch nicht um die grundsätzliche Diskutierbarkeit eines jeden Befehls geht, sondern um die grundsätzliche Möglichkeit des Mitsprechens und Gehörtwerdens, außerhalb von Befehlssituatio-

---

[43] MdB *Horn* (SPD), Sten. Bericht des Dt. BT, 155. Sitzung, 18. Mai 1979, S. 12 393.

[44] Es verwundert, daß die Sprachwissenschaftler, insbesondere die Soziolinguisten dieses Untersuchungsfeld bisher so weitgehend vernachlässigten. Wie ergiebig eine soziolinguistische Auseinandersetzung im Forschungsfeld Streitkräfte wäre, zeigt sich an dem kleinen Aufsatz von *Heidrun Pelz*, „Im Gleichschritt-Marsch!": Formalausbildung, in: Armee für den Frieden, Hannover 1980. Dort kommt sie durch Aufzeigen und Analysieren nur einiger sprachlicher Auffälligkeiten der ZDv 3/2 zu dem Ergebnis, daß diese Dienstvorschrift die von ihr betroffenen Individuen weitgehend auf ihren Status als Befehlsempfänger, auf die Körperteile und Requisiten, mit denen sie „funktionieren", reduziert, daß der Mensch als Individuum, als unverwechselbare Persönlichkeit zurückgedrängt wird zugunsten des vereinheitlichten, austauschbaren „Funktionierers" (S. 42).

nen, um die Schaffung eines Klimas also, das — bei Anerkennung der Notwendigkeit sofortiger Befehlsausführung in bestimmten Situationen — mit dem Prädikat „demokratisch" versehen werden könnte. Man sollte sich nur nicht der Illusion hingeben, daß bei der derzeitigen Kommunikationspraxis zwischen Wehrpflichtigen und Vorgesetzten, Zeit- und Berufssoldaten durch die allgemeine Wehrpflicht gefördert oder gar garantiert werden könnte[45]. Der Wehrpflichtige steht militärischen Formen und Bräuchen viel zu hilflos gegenüber, als daß seine Gesinnung, seine Vorstellungen in die Gesamtorganisation einfließen könnten. Findet sich der Wehrpflichtige im militärischen Formenwald, in der militärischen Sprache etc. erst zurecht, so wird er wieder entlassen, ein neuer Jahrgang einberufen.

Das heißt, daß — wie in der Vergangenheit — die Integration der Streitkräfte in die Gesellschaft letztlich vom Bewußtsein und vom „guten Willen" der militärischen Spitze abhängt, einer relativ kleinen Elite also, der — wenn von ihr einmal eine Gefährdung der Demokratie ausgehen sollte — die Basis der Wehrpflichtigen nichts entgegenbringen wird als Gehorsam.

5.3. Konsequenzen

Formalisierter militärischer Sprachgebrauch in Verbindung mit der Pflicht des Untergebenen, im Gespräch mit dem Vorgesetzten Grundstellung einzunehmen, schafft einen würdewidrigen Kommunikationsrahmen. Aus verfassungsrechtlicher Sicht ergibt sich daher folgende Konsequenz: Grundstellung darf vom Untergebenen nur ausnahmsweise verlangt werden, und zwar nur dann, wenn die Situation eine besondere Aufmerksamkeit erfordert und wenn der Vorgesetzte seinerseits ebenfalls Grundstellung einnimmt. Die darüber hinausgehenden Bestimmungen der ZDv 3/2 sind mit Art. 1 I GG unvereinbar.

Im übrigen ist an einer Verbesserung des kommunikativen Gesamtklimas innerhalb der Bundeswehr zu arbeiten. An diesbezüglich brauchbaren Vorschlägen mangelt es nicht. Beispielhaft seien hier einige davon aus dem Berichtspapier 1978 über die Informations- und Arbeitstagung der hauptamtlichen Jugendoffiziere in Koblenz angeführt. Etwa 40 Oberleutnante und Hauptleute treffen darin folgende Aussagen:

---

[45] Ein Vergleich mit der Wehrmacht scheint hier durchaus angebracht. Auch dort waren Millionen von Wehrpflichtigen nicht in der Lage, Entscheidungen der politischen und militärischen Spitze zu beeinflussen, obwohl zumindest nach der Wende im Rußlandfeldzug die Begeisterung für die Eroberungspläne der Nationalsozialisten rapide absank.

„1. Allgemeines

Unsere Vorschläge haben das Ziel, den z. Z. besonders von den Wehrpflichtigen empfundenen Bruch zwischen seinen bisherigen zivilen Erfahrungen und dem militärischen Alltag zu verhindern. Dadurch könnte die alte Forderung: „Soldat = Staatsbürger in Uniform" besser verwirklicht werden, weil es die Pflicht aus Einsicht zu erfüllen hilft.

2. Vorschläge

a) Mehr praxisorientierte Ausbildung der Ausbilder im Bereich der Menschenführung, d. h. konkret: kooperativer Führungsstil, Rollenspiele, Auswertung von Video-Aufzeichnungen ..., Konfliktlösungstraining.

b) Diese Grundausbildung in Menschenführung muß im gesamten Ausbildungsweg fortgeführt werden.

c) Bei der Auswahl und Förderung militärischen Führungsperpersonals sind soziale Fähigkeiten stärker zu berücksichtigen und zu gewichten[46]."

Aufgabe der Politik wäre es nun, derartige Vorschläge in die Wirklichkeit umzusetzen, auch gegen den hinhaltenden Widerstand einer von Beginn der Wiederbewaffnung an vorhandenen traditionalistischen Strömungen in der Bundeswehr[47].

---

[46] Zitiert von MdB *Möllemann* (FDP) in Verhandlungen des Dt. BT, 8. Wahlperiode, 1976, Sten. Berichte, Bd. 110, Beratungen des Jahresberichts 1978 des Wehrbeauftragten des Dt. BT, S. 12 395 f.

[47] Vgl. *Ganser*, S. 17 f.

6. Würdegefährdungen im Wehrdienst

6.1. Abgrenzung zu den Fällen des Kapitels 5

Im folgenden werden Fälle des militärischen Alltags untersucht, die bewußt nicht als Würde*verletzungen*, sondern als Würde*gefährdungen* bezeichnet werden. Ihre rechtliche Qualifizierung ist oft problematisch, ein allgemeiner Konsens dürfte dabei nicht immer zu erzielen sein. Unabhängig aber von der Frage einer konsensfähigen rechtlichen Qualifizierung ist eine eingehende Auseinandersetzung mit diesen Fällen schon deshalb angebracht, weil von ihnen häufig eine größere Belastung für den Wehrpflichtigen ausgeht, als von eklatanten, eindeutig als solchen qualifizierbaren Würdeverletzungen. Während nämlich letztere in der Regel auf Grund einer menschlichen Fehlleistung zustande kommen und eindeutige Verstöße gegen geltendes Recht darstellen, lassen sich die nun zur Sprache kommenden Fälle auf struktur- und organisationsimmanente Prinzipien zurückführen mit der Folge, daß sich der einzelne Soldat nicht relativ leicht justitiablen individuellen Entgleisungen gegenübersieht, sondern von der Gesamtorganisation getragenen und häufig von Dienstvorschriften gedeckten Maßnahmen. Aus diesem Grunde scheitert auch eine Beschwerde in diesen Fällen in aller Regel. Eine darüber hinausgehende Rechtsverfolgung — etwa auf dem Verwaltungsgerichtswege oder vor dem Bundesverfassungsgericht — ist, soweit ersichtlich, bisher in diesen Fällen unterblieben, wohl deshalb, weil eine eingehende rechtliche Problematisierung dieser Fälle in der Öffentlichkeit überhaupt noch nicht erfolgt ist. Dies gilt zum einen für bestimmte überkommene Prinzipien und Maßnahmen, die im allgemeinen als dem Militärischen wesensimmanent und daher nach der Entscheidung für die Remilitarisierung Westdeutschlands — als unvermeidbar empfunden werden, aber auch für einige nichttradierte Prinzipien der Menschenführung, die — allgemein als neuartig und dem Geiste des Grundgesetzes entsprechend eingestuft — bisher ebenfalls noch keiner eingehenden Überprüfung am Maßstab des Art. 1 I GG unterzogen wurden.

6.2. Traditionsbedingte Gefährdungen

6.2.1. Tradition als organisationsimmanentes Element der Bundeswehr

Tradition und Traditionspflege werden in allen Streitkräften der Welt groß geschrieben. Die Bundeswehr bildet insofern keine Ausnahme. Das Bedürfnis nach Tradition ist im deutschen Militärwesen durch den 2. Weltkrieg nicht etwa geringer geworden, sondern hat sich eher noch verstärkt[1]. Das Traditionsbedürfnis in Streitkräften im allgemeinen dürfte eine wesentliche Wurzel in individualpsychologischen Bereichen haben: Die ständige Nähe zum Tod und zum Töten bedingt eine gesteigerte Sehnsucht nach persönlicher Permanenz. Da sich diese Sehnsucht im physischen Sinne nicht erfüllen läßt, wird sie ersatzbefriedigt durch einen Kult, der jedem für den Fall des Todes auf dem Schlachtfeld ein ehrendes Andenken sichert, und zwar unabhängig davon, unter welchen politischen und gesellschaftlichen Voraussetzungen er sein Opfer erbracht hat. Unter diesem Aspekt entfaltet Tradition neben einer individuell beschwichtigenden Wirkung auch eine organisationsdienliche Funktion. Indem sie nämlich das Problem des Überlebens von einer rein physischen auf eine metaphysische Ebene ausdehnt und dort in Form von Heldengedenken u. ä. einer positiven Lösung zuführt, nimmt sie dem mit dem Dienst in Streitkräften wesensmäßig verbundenen Problem des Getötetwerdens[2] etwas von seiner Schärfe. Daß damit jedoch nur das emotionale, nicht das rationale Bewußtsein des Soldaten beeinflußt wird, bedarf keiner besonderen Hervorhebung. Organisationsdienlich erweist sich Tradition darüber hinaus auch im Hinblick auf das militärische Streben nach Präzision und Einfachheit: Althergebrachtes, von Generation zu Generation Übermitteltes bewirkt Problem- und Komplexitätsreduzierung, während alles Neue Fragen aufwirft, unerprobt ist und zunächst einmal als Störfaktor empfunden wird, da es den reibungslosen Dienstablauf zu gefährden in der Lage ist.

Neben diesen Aspekten eines Traditionsbedürfnisses in Streitkräften im allgemeinen existiert für die Bundeswehr noch ein besonderer Grund:

Die Bundeswehr wurde unter maßgeblicher Mitwirkung alter Wehrmachtoffiziere aufgebaut[3]. Das Unternehmen Bundeswehr stellt darum

---

[1] Vgl. dazu den Erlaß „Bundeswehr und Tradition vom 1. Juli 1965" des Bundesministers der Verteidigung, FüB 14-AZ 35-08-07, bekanntgeworden unter der Bezeichnung „Traditionserlaß", abgedruckt in BT-Drucksache 8/1581, Anlage 6, S. 35 ff.

[2] Dies gilt im übrigen auch für das Problem des Tötens. Die Globalität der Traditionspflege in Streitkräften sichert nämlich dem Menschen auf der Feindesseite die gleiche ehrenvolle Behandlung durch die Überlebenden zu.

schon aus rein personellen Gesichtspunkten keinen Neubeginn dar. Den militärischen, schon unter Hitler aktiven Führungskräften war von Gründung der Bundeswehr an daran gelegen, ihre eigene Rolle im Zweiten Weltkrieg von den Verbrechen des nationalsozialistischen Systems deutlich loszulösen. Der Unterstützung seitens der Politik konnten sie sicher sein, da die personelle Kontinuität durch eine Kontinuität von Werten eine Rechtfertigung erfahren mußte. Man konnte der im neuen demokratischen Geiste zu erziehenden Jugend der Bundesrepublik Deutschland nicht kommentarlos jene militärischen Führer als Vorgesetzte und Vorbilder präsentieren, die schon der Sache Hitlers gedient hatten. Deshalb versuchte man unter Umgehung der politischen und sozialen Verflechtungen des Militärs mit dem nationalsozialistischen System[4] eine ungebrochene Linie zu jenen militärischen Reform-Persönlichkeiten[5] zu ziehen, deren Wertvorstellungen auch mit der freiheitlich-demokratischen Verfassungskonzeption der Bundesrepublik in Einklang zu bringen waren. Daß bei dieser Anknüpfung an die Vergangenheit nicht nur positives, mit dem Grundgesetz ohne weiteres übereinstimmendes Gedankengut „herübergerettet" wurde, soll im folgenden gezeigt werden.

6.2.2. Traditionsbedingte Würdegefährdungen im einzelnen

6.2.2.1. Formalausbildung

In der Formalausbildung erlernt der Soldat bestimmte, streng fixierte militärische Formen und Bewegungen für sein Auftreten als einzelner und in der geschlossenen Formation[6]. Ihren wesentlichen An-

---

[3] Vgl. die Antwort des Bundesministers für Verteidigung vom 29.11.1956 — BT-Drucksache, 2. Wahlperiode, Nr. 2953 — auf eine kleine Anfrage der SPD-Fraktion (BT-Drucksache, 2. Wahlperiode, Nr. 2860):
„Die kleine Anfrage der SPD beantworte ich namens der Bundesregierung wie folgt:
1. Die Bundeswehr hatte am 15. Oktober 1956 38 Generale und 237 Oberste.
2. Im Bundesministerium für Verteidigung waren am 15. Oktober 1956 225 Oberstleutnante tätig.
3. Dem früheren Generalstab entstammen 31 Generale und 100 Oberste.
4. Dem früheren Generalstab entstammen 84 der im Bundesministerium für Verteidigung tätigen Oberstleutnante.
5. Von der unter 1. und 2. aufgeführten Offizieren waren in der Zeit vom 1. September 1939 bis zum 5. Mai 1945 länger als 3 Jahre Führer von Feldtruppenteilen 6 Generale, 64 Oberste, 75 Oberstleutnante ..."

[4] Zu diesem außerordentlich komplexen Problemkreis s. *David Irving*, Hitler und seine Feldherrn, Frankfurt/M. 1975; *Walter Görlitz*, Kleine Geschichte des Generalstabs, Berlin 1967, insb. S. 283 ff.; *Leo Geyr von Schweppenburg*, Gebrochenes Schwert.

[5] *v. Stein / v. Hardenberg* u. a., s. 2.2.5.

[6] s. ZDv 3/2, Teil C.

fang nahm die Formalausbildung im Preußen des „Soldatenkönigs" Friedrich Wilhelms I. Zum Aufbau eines stehenden Heeres[7] wurden Männer aus sozialen Randgruppen und unterprivilegierten Schichten herangezogen, die durch barbarische Strafen (Prügel, Spießrutenlaufen etc.) in Zaum gehalten und durch exerziermäßigen Drill zu mechanischem Gehorsam erzogen wurden[8]. Formalausbildung war also von Anfang an ein — aus heutigem Menschenrechtsverständnis fragwürdiges — Ordnungsinstrument, daneben aber auch Vorbereitung der Soldaten auf den Kampf in der geschlossenen Formation[9], eine militärische Taktik, die trotz Warnungen von kompetenter Seite[10] in Preußen zu militärischem Formalismus und Dogmatismus führte und erst nach den katastrophalen Niederlagen des „friderizianischen" Heeres gegen die in lockerer Formation[11] kämpfenden Verbände der französischen Revolutionsarmeen revidiert wurde. Mit der Revision der Kampfesweise war jedoch keine Abschaffung der Formalausbildung verbunden. Diese rettete sich vielmehr über alle militärischen, staatlichen und gesellschaftspolitischen Änderungen hinweg und stellt heute auch in der Bundeswehr ein Ausbildungselement dar, das im Bewußtsein von Militär und Öffentlichkeit vom Bild des Soldaten schlechthin nicht mehr zu trennen ist[12].

Die Vereinbarkeit der Formalausbildung mit Art. 1 I GG ist — soweit ersichtlich — bisher noch nie überprüft worden. Dies überrascht bei näherer Betrachtung um so mehr, als der Soldat in keinem Bereich der militärischen Ausbildung eine ähnliche Gleichschaltung und Ent-Individualisierung wie in der Formalausbildung erfährt. Der Soldat ist fremdbestimmt bis in die Fingerspitzen, seine individuelle Entscheidungsfreiheit vollkommen ausgeschaltet. Dies sei an Hand der sog. „Grundstellung" demonstriert, die der Soldat zu Beginn seiner Ausbildung zu erlernen hat. Die Grundstellung ist in der maßgeblichen ZDv wie folgt beschrieben[13]:

---

[7] s. o. 2.2.4.

[8] A. Aust, wie 2.2.2., Fußn. 19.

[9] Bis in die napoleonische Zeit hinein bestand die Kriegskunst darin, „ein paar tausend Menschen, schnurgerade wie die Bäume einer Allee aufgestellt, ohne Deckung in den Kampf zu führen, unbekümmert um die Todespeitsche, die rasend schlug und unbarmherzig traf". *Valerin Marcu*, Das große Kommando, Leipzig 1928, zit. bei Aust, wie 2.2.2., Fußn. 19, S. 76.

[10] z. B. Jacques Antoine Comte de Guibert, Essai général de Tactique oder Henry Humphrey Evans Lloyd, der — damals durchaus nichts Ungewöhnliches — nacheinander in der französischen, preußischen, österreichischen und russischen Armee als Offizier gedient hatte, s. A. Aust, wie 2.2.2., Fußn. 19.

[11] Die neue Kampfweise der napoleonischen Armee war das Tirailleursystem (Vorgehen in aufgelockerter Schützenkette).

[12] „Die Formalausbildung ... ist unentbehrlicher Bestandteil soldatischer Erziehung." ZDv 3/2, A: Allgemeines.

6.2. Traditionsbedingte Gefährdungen

„11. In der Grundstellung steht der Soldat still. Die *Füße* stehen mit den Hacken beieinander; die Fußspitzen zeigen so weit nach auswärts, daß die Füße nicht ganz einen rechten Winkel bilden. Das *Körpergewicht* steht gleichmäßig auf Hacken und Ballen beider Füße. Die *Knie* sind durchgedrückt. Der *Oberkörper* ist aufgerichtet, die Brust leicht vorgewölbt, der Leib eingezogen. Die Schultern stehen in gleicher Höhe; sie sind nicht hochgezogen. Die *Arme* hängen mit leicht vorgedrückten Ellenbogen herab, so daß etwa eine Handbreite Zwischenraum zwischen Ellenbogen und Körper entsteht. Die *Hände* sind geschlossen und liegen ohne Verkrampfung an der Außenseite der Oberschenkel an. Die gekrümmten Finger berühren mit ihren Spitzen die innere Handfläche. Der Daumen liegt ausgestreckt am gekrümmten Zeigefinger. Die Handrücken zeigen nach außen. Der *Kopf* wird aufrecht getragen, das Kinn nicht vorgestreckt. Der Blick ist geradeaus gerichtet. Der Mund ist geschlossen. Die Lage des Gewehres ...

2. „Stillgestanden!" — Auf das Kommando „Stillgestanden!" nimmt der Soldat Grundstellung ein (Nr. 11).

3. Auf das Kommando „Achtung!" nimmt der Soldat mit Front zum Vorgesetzten die Grundstellung ein (Nr. 11). Die Trageweise ...

14. Wird der Soldat von einem Vorgesetzten angesprochen, so nimmt er Front zum Vorgesetzten und Grundstellung ein. Sitzt der Soldat, so hat er aufzustehen, Front zum Vorgesetzten zu machen und Grundstellung einzunehmen; nicht jedoch, wenn er am Aufstehen oder Stillstehen gehindert ist.

Die Grundstellung ist beizubehalten, bis der Vorgesetzte das Rühren befiehlt oder abtreten läßt.

Bei Beginn und am Ende des Gesprächs ist der Vorgesetzte in Grundstellung zu grüßen. In der geschlossenen Abteilung entfällt der Gruß des einzelnen.

15. Hat ein Soldat einem Vorgesetzten *zu melden*, so nimmt er drei Schritte vor ihm Grundstellung ein und grüßt vor Beginn und am Ende der Meldung durch Anlegen der rechten Hand an die Kopfbedeckung bzw. an den Kopf. Der Meldende tritt mit einer Kehrtwendung ab. Offiziere und Unteroffiziere mit Portepee, die melden, behalten während der Meldung die Hand in Grußstellung."

Als weitere Grundlagen der Formalausbildung folgen — in gleicher Akribie beschrieben — die Ausbildungsabschnitte „Rührt Euch!", Wendungen, Marsch, Auf-Abnehmen, Trageweise des Gewehrs und sodann Formen und Bewegungen der geschlossenen Ordnung[14]. In der geschlossenen Ordnung erfährt die Ent-Individualisierung noch eine Steigerung. Der einzelne Soldat hat sich so in die Formation einzufügen, daß alles Individuelle, d. h. das, was ihn von anderen unterscheidet, aus seinem Verhalten verschwindet, daß er nur noch un-

---

[13] ZDv 3/2, B: Grundlagen der Formalausbildung, I. Grundstellung, Ziff. 11, S. 9 ff.
[14] ZDv 3/2, S. 42 ff. Die Formen der geschlossenen Ordnung sind 1. Die Linie zu einem Glied, 2. Die Linie (3 Glieder), 3. Die Reihe, 4. Die Marschordnung, 5. Die Exerzierordnung (nur bei Kompanie) als höchste Stufe der Marschdisziplin.

selbständiger, funktionierender Teil eines Ganzen ist. Bedenkt man nun, daß der die Menschenwürde verletzende Sachverhalt nach allgemeiner Auffassung darin besteht, daß der konkrete Mensch zum Objekt, zu einem bloßen Mittel, zur vertretbaren Größe herabgewürdigt wird[15], so wird die Konfliktbeladenheit des Verhältnisses zwischen Formalausbildung und Art. 1 I GG offensichtlich. Gemäß dem oben erarbeiteten methodischen Ansatz[16] ist die Formalausbildung in die Gruppe der Maßnahmen einzuordnen, die das Recht auf eine angemessene Selbstdarstellung beeinträchtigen. In dieser Maßnahmengruppe sind Eingriffe in den Würdebereich nur gerechtfertigt, wo sie sich im Rahmen des politischen Verteidigungsauftrages als unumgänglich erweisen. Eine derartige Unumgänglichkeit muß hier aber in ganz erheblichem Maße bezweifelt werden: Militärtaktische Legitimations-Gesichtspunkte scheiden seit den durch die französischen Revolutionskriege bewirkten Änderungen in der infanteristischen Kampfesweise aus. Die militär-taktische Rechtfertigung der Formalausbildung ist entfallen. Die amtliche Begründung der Notwendigkeit der Formalausbildung in der Bundeswehr setzt denn auch andere Schwerpunkte[17]:

„1. Die Formalausbildung erzieht zur *Ordnung*, fördert die *Körperhaltung* und *Körperbeherrschung* und stärkt das *Selbstbewußtsein* und den *Gemeinschaftsgeist*.

Das Auftreten des einzelnen Soldaten und eines Truppenteils ist ein *Wertmesser* für körperliche Durchbildung, Selbstzucht und Leistungswillen.

2. Die Formalausbildung erstrebt Genauigkeit und Einheitlichkeit. Sie ist nicht Selbstzweck, sondern unentbehrlicher Bestandteil soldatischer Erziehung[18]."

Es lohnt sich im Interesse einer Klärung der Beziehung Formalausbildung—Menschenwürde diese amtliche Begründung — was Inhalt und Argumentationsweise betrifft — näher zu betrachten:

Unter „Ordnung" kann die amtliche Begründung — das ergibt sich aus dem Sinnzusammenhang — nur eine militärische Ordnung meinen, und dementsprechend unter Erziehung zur Ordnung nur Erziehung zur Beachtung militärischer Ordnungsprinzipien. Ordnung in diesem Sinne ist aber keine naturhaft vorgegebene (kosmologische) Ordnung, sondern eine durch menschlichen Willen geschaffene oder zu schaffende Ordnung. Eine solche anthropologisch voluntaristische Ordnung

---

[15] So *Dürig* in Maunz / Dürig / Herzog, Art. 1 I, Rdn. 28.
[16] s. o. 3.5.
[17] ZDv 3/2, Teil A.
[18] ZDv 3/2, A, S. 20.

stellt keinen Primärwert dar, keinen Wert eo ipso, sondern muß sich, um als Wert gelten zu können, legitimieren[19]. Ordnung in diesem Sinne ist nämlich immer auch Zwang, der angesichts des Artikels 1 Grundgesetz und der folgenden Grundrechte einer Rechtfertigung bedarf.

Bejaht man die politische und militärische Notwendigkeit der Bundeswehr, so muß man konsequenterweise auch ein gewisses Maß an militärischer Ordnung bejahen, da nur dadurch die Funktionsfähigkeit einer Massenorganisation wie der Bundeswehr gewährleistet werden kann. Fraglich ist allerdings, ob diese Ordnung, die ja vor allem von der Selbsteinschränkung und vom Selbsteinschränkungswillen des einzelnen genährt wird, durch das zwanghafte Ritual der Formalausbildung erreicht oder gefördert wird. Näherliegend ist der Schluß, daß Formalausbildung nur oberflächlich Ordnung, Selbstbeschränkungswillen und Gemeinschaftsgeist *demonstriert*, in der Psyche des einzelnen Soldaten aber eher das Gegenteil bewirkt, nämlich Überdruß und innere Abkehr vom gesamten Bundeswehrbetrieb. In der Konzeption der Formalausbildung steckt zuviel an Mißbrauchsmöglichkeit für die Vorgesetzten bis hin zur Schikane, als daß nicht in der Regel Formalausbildung in einer von Mißtrauen und Aggressivität geprägten Atmosphäre abliefe[20]. Da die große Gefahr besteht, daß in der Formalausbildung angestaute Aggressionen nach Wegfall der Zwangssituation zu Lasten der Gemeinschaft abreagiert werden, bewirkt diese Ausbildung — bezogen auf das Ordnungsargument — letztlich das Gegenteil von dem, was man laut amtlicher Begründung mit ihr zu erreichen hofft. Das schon vom sachlichen Gehalt her fragwürdige Ordnungsargument verliert noch mehr an Überzeugungskraft, wenn man sich vor Augen

---

[19] Setzt man den Begriff „Ordnung" in eine Beziehung zum Begriff „Wert", so ist festzustellen, daß im ersteren Falle (kosmologische Ordnung) Ordnung zwar als Wert bezeichnet werden kann, allerdings in dem speziellen Sinne, daß ein vom menschlichen Streben unabhängiger Wert vorliegt, ein Wert, in dem — da Wirklichkeit — jedes Sollensmoment fehlt; es liegt hier keine Trennung von Sein und Sollen vor, sondern eine Aufhebung, besser ein Nie-Vorhanden-Gewesen-Sein dieses Dualismus. Im Falle der voluntaristisch-anthropologischen Ordnung sehen wir uns mit keinem Primärwert konfrontiert. Diese Art der Ordnung muß sich die Frage nach dem dahinterstehenden menschlichen Telos gefallen lassen, bedarf einer Legitimation.

[20] Es bedürfte hierzu noch einer — über die Erfahrungen des Verfassers hinausgehenden — empirischen Untersuchung, inwieweit Formalausbildung von einzelnen Soldaten als entwürdigend empfunden wird. Fest steht jedenfalls, daß Formalausbildung von Vorgesetzten auch als Strafe eingesetzt wird. Beispiel: Ein Zug von Gebirgsjägern kehrt am Abend erschöpft vom Bergmarsch und der tagsüber im Gelände absolvierten Infanterie-Gefechtsausbildung zurück. Vor dem Wegtreten in die Unterkünfte (zum Waffen- und Geräterenigen) verabschiedet der Zugführer, ein Oberfeldwebel, den Zug mit dem Ruf: „Horridoh!" Als ihm die Antwort des Zuges (Johoo, Herr Oberfeldwebel!) auch nach mehrmaligen Wiederholungen zu lasch ausfällt, läßt er den Zug mit Waffen und vollem Gepäck eine halbe Stunde im Kasernenhof marschieren und dazu singen: „Steig ich den Berg hinauf, das macht mir Freude..."

führt, daß das Leitbild des Soldaten in der Bundeswehr der „Staatsbürger in Uniform" sein soll. Dieser Zielvorstellung widerspricht es, wenn man dem Soldaten mit Zwangsmethoden aus dem Preußen Friedrich Wilhelm I. bestimmte Verhaltensweisen einbleut, und man dies dann ganz allgemein als Erziehung zur Ordnung etikettiert. Was die Förderung der *„Körperhaltung"* und *„Körperbeherrschung"* betrifft, so sollte man dies dem Bereich der Sportausbildung überlassen. Der oben erarbeitete methodische Ansatz zur Überprüfung von Maßnahmen auf ihre Würdeverträglichkeit[21] zeichnet hier eine klare Lösung in dem Sinne vor, daß Formalausbildung — da würdetangierend und nicht unumgänglich, sondern ersetzbar durch das adäquate und würdeneutrale Mittel des Sports — zum Zwecke der Förderung von Körperhaltung und Körperbeherrschung mit Art. 1 I GG nicht vereinbar ist. Daß Formalausbildung den *Gemeinschaftsgeist* — entgegen der amtlichen Behauptung — *nicht* stärkt, sondern nur oberflächliches Gleichmaß demonstriert, ist oben bereits dargetan worden. Gemeinschaftsgeist setzt im übrigen Geist voraus. Formalausbildung aber ist mechanischer Gehorsam und letztlich Stumpfsinn. Daß Formalausbildung das *Selbstbewußtsein* der Soldaten stärke, ist ebenfalls eine bloße und zudem sehr fragwürdige Behauptung. Formalausbildung trifft das Selbstbewußtsein wegen des vollkommenen Ausgeliefertseins an den Willen des Vorgesetzten eher im negativen Sinne. Allein die Grundstellung — als ein wesentliches Element innerhalb der Formalausbildung — ruft in ihrer Unnatürlichkeit physische und psychische Verklemmungen hervor. Grundstellung ist Angststellung und bewirkt passive und aktive Hilflosigkeit[22]. Diese Hilflosigkeit sollte zu Zeiten Friedrich Wilhelms I. von Preußen die körperliche Integrität und Autorität der Vorgesetzten garantieren, die ihrerseits das Recht hatten, Untergebene mit Schlagstöcken zu prügeln. Heute ist es wahrlich an der Zeit, das Recht des Vorgesetzten, im Gespräch vom Untergebenen Grundstellung zu fordern, in Frage zu stellen und zu überprüfen, ob es nicht andere demokratie-adäquate Möglichkeiten gibt, sich als Vorgesetzter die Achtung und Anerkennung der Untergebenen zu erwerben und zu sichern.

---

[21] s. o. 3.5.
[22] Aufschlußreich ist insofern ein dpa-Foto, abgebildet z. B. im „Südkurier" vom 19. 9. 1979: Zur Begrüßung des italienischen Staatspräsidenten Pertini in Bonn ist das Wachbataillon der Bundeswehr angetreten. Aufgrund der an diesem Tage herrschenden drückenden Schwüle ist einer der Soldaten aus der ersten Reihe kollabiert. Er liegt lang hingestreckt mit dem Gesicht auf der Erde, die Arme am Körper angelehnt, ohne sich beim Aufprall abgestützt zu haben, vorschriftsmäßig die Fäuste an den Hosennaht bis zum Umfallen. Vorschriftsmäßig auch das Verhalten der Kameraden, die weiter in Grundstellung verharren, ohne dem Kollabierten zu helfen. Die Quintessenz des Art. 1 I GG, wonach der Mensch der höchste Wert ist, kann für dieses Foto nur einen ironisch-bitteren Untertitel liefern.

Es ist nicht Gegenstand dieser Arbeit, militärische Bräuche und Methoden über den Würdebereich hinaus auf die Vereinbarkeit mit den Grundrechten der Art. 2 ff. GG zu überprüfen, doch drängt es sich in diesem Zusammenhang geradezu auf, hinsichtlich der Grundstellungsregelung eine Vereinbarkeitsprüfung mit Art. 3 I GG anzuregen.

Auch die übrigen „Argumente" der amtlichen Begründung können der Formalausbildung keine Legitimation zur Würdeeinschränkung verschaffen. Betreibt man Formalausbildung, um einen „Wertmesser für körperliche Durchbildung, Selbstzucht und Leistungswillen" zu gewinnen. so schränkt man Würde ein zu Gunsten einer äußeren Fassade ohne innere Entsprechung und verdrängt oder übersieht, daß auf der von der Formalausbildung tangierten Wert-Gegenseite eben die Würde auf dem Spiele steht, der verfassungsmäßig ein weit höherer Rang zukommt, als dem Bedürfnis, einen äußerlichen (und darüber hinaus unzulänglichen) Wertmesser für „Selbstzucht" etc. an der Hand zu haben. Auch unter diesem Aspekt ist daher die Formalausbildung mit Art. 1 GG nicht vereinbar.

Es wäre nun verfehlt, aufgrund der bisher geäußerten Bedenken die völlige Abschaffung der Formalausbildung zu verlangen. Denn bereits ab Zugstärke, spätestens aber am Kompaniestärke wird es erforderlich, gewisse Formationen zu bilden, um Übersichtlichkeit und eine geordnete rasche Befehlsausgabe zu garantieren und die Möglichkeit zu erhalten, eine Vielzahl von Menschen, besonders auch außerhalb der Kaserne, geordnet und ohne Gefährdung für sich und andere von einer Stelle zur anderen zu führen. Insofern ist mit der Entscheidung für die Wiederbewaffnung der Bundesrepublik Deutschland in der Tat auch die Entscheidung für ein bestimmtes Maß an Formalausbildung gefallen. So betrachtet liegt „Unumgänglichkeit" im oben ausgeführten Sinne[23] vor. Man wird aber den Umfang der Formalausbildung in der Praxis noch erheblich mehr reduzieren müssen als bisher geschehen[24]. Insbesondere ist es mit Art. 1 I GG nicht zu vereinbaren, Formalausbildung zum Zwecke der körperlichen Ertüchtigung, als erzieherische Maßnahme oder zum Zwecke der Demonstration von Gemeinschaftsgeist zu betreiben. Hier wird vor allem eine Revision und Reduktion des theoretischen Unterbaus der Formalausbildung durchzuführen sein, um traditionell bedingte, mit Art. 1 I GG nicht vereinbarte Zielvorstellungen in Wegfall zu bringen.

---

[23] s. o. 3.5.
[24] Vgl. ZDv 3/2, A: Allgemeines, 2. „Für die Formalausbildung wird im Rahmen des Gesamtdienstes nur wenig Zeit aufgewendet. Der Ausbildungsstand ist durch ständige Übung beim täglichen Dienst zu fördern und zu festigen."

6.2.2.2. Truppenparaden, öffentliche Gelöbnisfeiern u. ä.

Die Faszination von Truppenparaden resultiert aus der zu unmenschlicher Präzision gesteigerten Ästhetik des Gleichmaßes. Dabei wird im Beobachter der Eindruck erzeugt, als bewege sich vor ihm nicht eine Vielzahl von Individuen mit eigenständigen rationalen und emotionalen Strukturen, sondern ein aus unselbständigen Teilen bestehendes maschinenhaftes Ganzes, das dem Willen eines Befehlshabers mechanisch unreflektiert gehorcht. Insofern sind Truppenparaden Demonstrationen von Macht.

Wohl im Rückblick auf die deutsche Vergangenheit hat sich die Bundeswehr diesbezüglich stets Zurückhaltung auferlegt. Diese das Ansehen der Bundeswehr sicher mehr steigernde als schmälernde Selbstbescheidung ist auf einem anderen, Truppenparaden durchaus verwandten Gebiet, nämlich dem der öffentlichen Gelöbnisfeiern, in letzter Zeit ohne überzeugende Begründungen aufgegeben worden. Den zahlreichen, kritischen Stimmen kann hier unter dem Würdeaspekt eine weitere hinzugefügt werden: Wird der Wehrpflichtige zur Teilnahme an derartigen Veranstaltungen gezwungen, so ist seine Würde in zweifacher Weise bedroht: Zum einen laufen derartige Gelöbnisfeiern nach streng formalen Regeln ab, so daß insofern die oben bei Punkt 6.2.2.2. (Formalausbildung) erhobenen Bedenken gelten, zum anderen zwingt man den Wehrpflichtigen dazu, seine Gesinnung in einer Weise zu demonstrieren, wie er es unter Umständen mit seinem Gewissen und seiner inneren Überzeugung nicht vereinbaren kann. Es ist nämlich sehr wohl zu unterscheiden zwischen der Bereitschaft, seinen Wehrdienst abzuleisten und diese Gesinnung durch ein Gelöbnis in schlichtem Rahmen zu untermauern und einer Massendemonstration mit großem militärischen, umstrittenen Zeremoniell, noch dazu — wie in München am 6. 11. 1980 geschehen — auf einem Platz, den Hitler, Göring und andere Nazi-Größen zu Großkundgebungen benutzten[25]. Die Gefährdung der Würde besteht hier in der Erzeugung eines Gewissenskonflikts und im Zwang, demonstrativ gegen eine innere Überzeugung zu handeln. Der Würde im Abwägungsvorgang gegenüberliegende Werte erreichen nicht annähernd die Gewichtigkeit

---

[25] In diesem Zusammenhang äußerte sich General a. D. *Gert Bastian* folgendermaßen: „Die Bundeswehr entwickelt sich immer mehr hin zu einer Armee de Luxe, die mit einer unnötigen Betonung von Äußerlichkeiten — auch mit einem etwas protzig-plumpen Auftreten — nicht mehr zu den ursprünglichen Ideen der Bundeswehrgründer paßt ... Es ist absolut falsch, das öffentliche Gelöbnis zu einer monströsen NATO-Treuekundgebung oder zur Selbstdarstellung irgendwelcher Politiker aus Bonn oder München zu mißbrauchen. Dazu ist weder ein bayerischer Ministerpräsident, ein Bundespräsident noch ein Bundeskanzler vonnöten. Das degradiert die wehrpflichtigen Soldaten zur Kulisse für ganz andere Absichten", in: AZ vom 12. 11. 1980, S. 3.

der Würde. Eine Unumgänglichkeit ist zu verneinen, so daß auch hier die Annahme der Nichtvereinbarkeit mit Art. 1 I GG zumindest näher liegt als die gegenteilige Ansicht.

6.2.2.3. Achtungsbezeugungspflicht gegenüber Symbolen

Im Zusammenhang mit dem militärischen Zeremoniell bei öffentlichen Gelöbnisfeiern stößt man auf ein weiteres würdetangierendes Phänomen, das zunächst spezifisch militärisch erscheint, das aber im Zivilleben durchaus seine Entsprechung findet: die Achtung und Achtungsbezeugung des Menschen vor Symbolen[26]. Im militärischen Bereich sind hier insbesondere zu nennen: die Pflicht, die Nationalflagge zu grüßen und die Pflicht, bei Ertönen der Nationalhymne Grundstellung einzunehmen[27]. Nun handelt es sich bei der Flagge zunächst einmal um ein rechteckiges Stück Tuch in bestimmten Farben, bei der Nationalhymne um eine Reihenfolge bestimmter Töne, also um Dinge (bzw. akustische Schwingungen) aus einer materiellen Welt, die nach allgemein menschlichem Wertverständnis in einer Wertskala — ohne Hineininterpretieren eines Symbolgehalts — sicherlich weit hinter der Würde des Menschen angesiedelt sind. Versieht man sie jedoch mit dem ihnen zugedachten Symbolgehalt, also mit Ideen wie Freiheit, Rechtsstaatlichkeit, Demokratie u. ä., so erfahren sie einen erheblichen Wertzuwachs[28]. Ob dieser Wertzuwachs allerdings so bedeutsam ist, daß er es rechtfertigt, den einzelnen Menschen zur Achtungsbezeugung zu zwingen, ist zumindest problematisch. Wenn hier kein radikales Nein zur Achtungsbezeugungspflicht vor den Nationalsymbolen gespro-

---

[26] Zur Bedeutung und Verwendung von Symbolen im täglichen Leben, s. *C. G. Jung*, Der Mensch und seine Symbole, S. 21 ff.; s. auch *Harry Pross*, Politische Symbolik, S. 13: „Was wir Wirklichkeit nennen und als solche erfahren, steckt voller Dinge, die für etwas anderes stehen, als was sie sind: ... Der Name ist nicht die Person, er steht für sie. Der Stempel ist nicht die Staatsgewalt, er steht für sie. Das Zeugnis ist nicht die Leistung, es steht für sie ..." — Zum selben Problem *Ernst Cassirer*, Was ist der Mensch, S. 39: „Der Mensch hat nicht mehr wie das Tier einen unmittelbaren Bezug zur Wirklichkeit ... Die unberührte Wirklichkeit scheint in dem Maße, in dem das Symbol-Denken und -Handeln des Menschen reifer wird, sich ihm zu entziehen. Statt mit den Dingen selbst umzugehen, unterhält sich der Mensch in gewissem Sinne dauernd mit sich selbst. Er lebt so sehr in sprachlichen Formen ..., daß er nichts erfahren kann, außer durch Zwischenschalten dieser künstlichen Medien ..."

[27] Vgl. den Erlaß des Bundesministers der Verteidigung „Bundeswehr und Tradition v. 1. Juli 1965", wie Fußn. 1, III. 20; s. auch: Unsere Symbole in Schriftenreihe Innere Führung, Reihe Bundesrepublik/Freie Welt 8, hrsg. vom Bundesministerium der Verteidigung 1963.

[28] s. dazu *Harry Pross*, wie Fußn. 26: „es sind nicht die Materialien, die bewirken, daß etwas für etwas anderes steht, als es selber ist, sondern ... die ihnen *zugedachte* Funktion. Erlischt diese Zueignung, wird das Zeugnis zum Fetzen Papier ..., der Name zu Schall und Rauch".

chen wird, so resultiert das aus folgenden Überlegungen: Achtungsbezeugung ist nicht notwendig rangmäßiges Sich-Unterordnen, sondern Anerkennen eines Wertgehalts, der durchaus niedriger eingestuft werden kann als der eigene Wert. So betrachtet ergibt sich kein Widerspruch zur Quintessenz des Art. 1 I GG, wonach der Mensch der höchste Wert ist. Achtungsbezeugung vor den Nationalsymbolen bedeutet Anerkennen der hinter den Symbolen stehenden Ideen, Anerkennen des Grundgesetzes und damit nicht zuletzt auch Anerkennung der überragenden Stellung der Würde des Menschen[29].

Zweifel an der Vereinbarkeit mit Art. 1 I GG bleiben wegen der Gefahr der Überbewertung der Nationalsymbole[30] und wegen des traditionell verankerten *Zwanges* zur Achtungsbezeugung bestehen. Sie verdichten sich zur Gewißheit eines Verstoßes, wo an die Stelle der Nationalsymbole die Truppenfahne und ähnliche Traditionssymbole treten[31]. Der in diesen Dingen steckende Symbolgehalt rechtfertigt es sicher nicht, dem einzelnen Menschen eine Achtungsbezeugung davor abzuverlangen. Hier wird ein zutiefst irrationaler Kult betrieben, der die Gefahr mit sich bringt, daß auch sinnarme, mit fragwürdigem Sinn behaftete Symbole oder sinnentleerte Symbole höher bewertet werden als der Mensch, und daß sie dazu mißbraucht werden, Rationalität abzubauen und kritiklosen Gehorsam zu fördern[32]. Eine Abschaffung des „Traditionserlasses" ist im Gespräch[33]. Es ist zu hoffen, daß dies

---

[29] Hier zeigt sich deutlich die Bedeutungslosigkeit des Materials gegenüber dem hineingedachten Gehalt, der Unterschied zwischen der schwarz-rot-goldenen Flagge und beispielsweise dem „Geßler-Hut", der nichts als die Willkür und Tyrannei des Landvogts Geßler symbolisierte.

[30] Vgl. z. B. Unsere Symbole, wie Fußn. 27, S. 4: „Bei feierlichen Anlässen bilden Symbole den festlichen Rahmen. Beim Eid und beim feierlichen Gelöbnis steht die Fahne im Mittelpunkt."

[31] Vgl. dazu den sog. „Traditionserlaß", wie Fußn. 1, III. 25: „Art und Stil der Aufbewahrung von Fahnen, Waffen, Darstellungen, Urkunden und anderen Erinnerungsstücken sollen den jungen Soldaten zu den Traditionsinhalten hinführen. s. dazu auch die ZDv 10/7, Die Truppenfahne der Streitkräfte, Februar 1968 mit 25 Seiten (!) über den Umgang mit der Fahne.

[32] s. dazu *Stanley Milgram*, Das Milgram-Experiment, Zur Gehorsamsbereitschaft gegenüber Autorität, z. B. S. 25: „Seit Jahrzehnten diskutieren Psychologen über die primitive Tendenz im Menschen, unbeseelten Gegenständen und Kräften Eigenschaften der menschlichen Spezies zuzuschreiben. Andererseits besteht jedoch eine ausgleichende Tendenz, Kräften, die ihrem Ursprung und ihrer Aufrechterhaltung nach wesentlich menschlich sind, unpersönliche Eigenschaften beizumessen. Manche Menschen behandeln Systeme menschlichen Ursprungs, als existierten sie über und jenseits irgendeines menschlichen Täters ... Das menschliche Element hinter Behörden und Institutionen wird geleugnet. Wenn also der Versuchsleiter (in einem Versuch, bei dem Menschen angeblich zur Steigerung ihres Lernvermögens durch eine Versuchsperson mit Elektroschocks gequält werden, der Verf.) sagt: „Das *Experiment* verlangt, daß weitere Elektroschocks verabreicht werden müssen, bekommt die Versuchsperson das Gefühl, es handle sich um einen Befehl, der größeres Gewicht habe, als eine bloß menschliche Anordnung."

6.2. Traditionsbedingte Gefährdungen   101

einen ersten und effektiven Schritt zur Wiederherstellung rational ausgewogener Relationen zwischen Symbolen und Menschen bedeutet. Der Fähnrich, der sein Leben gibt für die Fahne, sollte endgültig der Vergangenheit angehören.

6.2.2.4. Weitere Gefährdungsfälle

In den ersten drei Monaten des Grundwehrdienstes (Grundausbildung) ist es üblich, die neuen Soldaten (Rekruten) in Marschordnung zum Essen zu führen. Dies entspricht der ZDv 3/2, in der bestimmt wird, daß für die Formalausbildung als selbständigem Ausbildungselement nur wenig Zeit aufzuwenden, der Ausbildungsstand vielmehr durch ständige Übung beim täglichen Dienst zu fördern und zu festigen sei. Gleichzeitig bedeutet der Essensgang in geschlossener Formation meist ein Gaudium für die älteren, selbständig zu den Speiseräumen gehenden Soldaten, die genüßlich lächelnd oder Witze reißend die „Bettenbauer"[34] begutachten, wie sie die einzelnen Kommandos noch nicht in der später erworbenen Präzision ausführen können.

Es soll hier nicht zu sehr in die Einzelheiten des täglichen Dienstbetriebes eingestiegen und es soll der Eindruck vermieden werden, es kämen hier auf persönlichen Animositäten beruhende Verletzungsempfindungen zur Sprache. Für sich allein betrachtet ist der Essensgang in geschlossener Formation sicher eine von jenen Kleinigkeiten, die der Soldat in aller Regel zu schlucken lernt, ohne in seinem Selbstwertgefühl große Verletzungen davon zu tragen.

Aus dem Zusammenwirken mit vielen anderen „Kleinigkeiten" dieser Art erwächst aber — insbesondere in der Grundausbildung — die Gefahr, daß Rekruten systematisch lächerlich gemacht werden. Ohne ins Detail gehen zu wollen, seien hier nur erwähnt:

— Die in der Grundausbildung überzogene Betten- und Spindordnung
— Stubendurchgänge (Überprüfung auf Reinlichkeit) mit Schikaneabsicht[35]

---
[33] Der Bundesminister der Verteidigung, *Hans Apel*, will den Traditionserlaß in Übereinstimmung mit der militärischen Führung ersatzlos streichen, s. Südd. Zeitung vom 25./26. 4. 1981, S. 1 u. 2.
[34] Der Ausdruck „Bettenbauer" resultiert aus der für die Rekruten besonders gehandhabten, genau reglementierten Art, die Betten zu „bauen". Daß der Ausdruck „Bettenbauer" in letzter Zeit von der Bezeichnung „Rotärsche" verdrängt wird, mag Beweis für eine zunehmende Brutalisierung und wachsende verbale Primitivität sein.
[35] Jeder, der eine längere Zeit Vorgesetztenfunktionen ausgeübt hat, kann bestätigen, daß Stubenappelle, Spindkontrollen u. ä. nicht immer nur der hygienischen Kontrolle wegen durchgeführt werden, sondern auch — und dies wird bei Unterführerbesprechungen ganz offen angesprochen —, um mittels schikanöser Überprüfung Mängel feststellen und daran Strafen

— Anpassung zu großer Uniformstücke

— Durchführung sog. „Maskenbälle", bei denen die Rekruten gezwungen werden, in raschester Folge sich immer wieder umzuziehen, bis zu guter Letzt einzelne Soldaten — zum Amüsement der Unterführer — in abenteuerlichen Kombinationen mit Kampfanzug, Krawatte und Ausgehschuhen o. ä. antreten.

Der offiziellen Version, dies alles diene der Erziehung zur Ordnung und Sauberkeit und garantiere hygienisch einwandfreie Zustände in einer Großorganisation, muß hier entgegengehalten werden, daß die Anforderungen in dieser Richtung nach der Grundausbildung auf ein normales Maß zurückgeschraubt werden, ohne daß dabei eine Gefährdung für die Hygiene in der Truppe eintritt. Fatale Folge dieser systematischen Ungleichbehandlung von Rekruten und älteren Soldaten ist — im Zusammenwirken mit anderen Faktoren — das Entstehen einer Hierarchie innerhalb der Mannschaftsebene und fortschreitende Zerstörung der Kameradschaft. Als eine der wichtigsten Maßnahmen gegen diese Tendenzen empfiehlt sich daher eine Rückkehr zur strikten Gleichbehandlung aller Mannschaftsdienstgrade unabhängig von der auf den Entlassungstag ausgerichteten „Tageszahl"[36]. Die auch in der Bundeswehr bei manchen Offizieren und Unteroffizieren offen oder latent vorhandene Vorstellung, daß der Soldat erst einmal in seiner Persönlichkeit abgeschliffen werden müsse, damit man ihn dann zu einem „anständigen Menschen" aufbauen könne, sollte endlich aus dem Bewußtsein der Vorgesetzten und aus dem Kasernenalltag verbannt werden.

6.2.2.5. Das Prinzip von Befehl und Gehorsam

Aus der Würde folgt nach allgemein vertretener Ansicht das Recht des Menschen, sein Leben sittlich autonom und eigenverantwortlich zu gestalten[37]. Das Prinzip von Befehl und Gehorsam steht zu diesem Recht in einem Spannungsverhältnis, das ganz allgemein geprägt ist vom Dualismus Individuum — Gemeinschaft. Das Grundgesetz versucht diese Spannung auf einer zwischen Individualismus und Kollektivismus angesiedelten „mittleren Linie" zu lösen[38] und enthält dement-

---

knüpfen zu können, sei es wegen bestimmter vorausgegangener Vorkommnisse oder ganz allgemein, um den Rekruten mal wieder zu zeigen, „daß sie nicht zur Erholung hier sind".

[36] Zur „Hierarchie der Tageszahl", s. *Ganser*, S. 60.

[37] s. z. B. BVerfGE 5, 204.

[38] s. *Dürig* in Maunz / Dürig / Herzog, Art. 1 Abs. 1, Rdn. 47 ff. und BVerfGE 4, 7 (15 f.): „Das Menschenbild des Grundgesetzes ist nicht das eines isolierten souveränen Individuums; das Grundgesetz hat vielmehr die Spannung Individuum — Gesellschaft im Sinne der Gemeinschaftsbezogenheit und

6.2. Traditionsbedingte Gefährdungen

sprechend nicht nur Rechte, sondern auch Pflichten des einzelnen gegenüber der Gemeinschaft[39]. Gehorsamspflicht gegenüber staatlichen Anforderungen zeigt sich nicht nur im militärischen Bereich, sondern auch im alltäglichen Zivilleben in vielfältiger, beinahe allgegenwärtiger Weise, ob es sich nun um die Pflicht handelt, den Anweisungen eines Verkehrspolizisten Folge zu leisten oder Steuern abzuführen. Gehorsamspflicht als solche ist daher nichts spezifisch Militärisches. Besonderheiten gegenüber der zivilen Sphäre ergeben sich vor allem wegen der strengeren und rascher greifenden Rechtsfolgen, die an Ungehorsam geknüpft werden[40], und wegen der Intensität des Gehorsamsverlangens bis hin zum Einsatz und gegebenenfalls zur Opferung des eigenen Lebens[41]. Eine Entscheidung für die Wiederbewaffnung brachte notwendigerweise eine Entscheidung für das Prinzip von Befehl und Gehorsam mit sich.

Daran ändern grundsätzlich auch nichts die im Rahmen der „Inneren Führung" geforderten Prinzipien der Auftragstaktik und des kooperativen Führungsstils. Denn jeder Auftrag enthält einen Befehlskern und ist insofern eine Befehlsvariante, die nichts am grundsätzlichen Gehorchen-Müssen ändert, sondern lediglich die *Art* der Ausführung — soweit wie möglich und militärisch vertretbar — dem Auftragsempfänger überläßt. Auch der kooperative Führungsstil stellt keine Ausnahme vom Befehl- und Gehorsamsprinzip dar, berücksichtigt nur vermehrt — wiederum im Rahmen des militärisch Möglichen — Meinung und Einwendungen der Untergebenen[42].

Es ist auch heute noch nicht vorstellbar, daß eine militärische Organisation funktionieren kann, ohne die grundsätzliche Bejahung des Befehl- und Gehorsamsschemas[43]. In einem Rechtsstaat kann die Be-

---

Gemeinschaftsgebundenheit der Person entschieden, ohne dabei deren Eigenwert anzutasten."

[39] Dies folgt bereits aus der in Art. 1 I, S. 2 GG enthaltenen Schutzverpflichtung des Staates, deren Realisierung nicht möglich ist, ohne die einzelnen Mitglieder der Gemeinschaft in die Pflicht zu nehmen; darüber hinaus aus dem „Soweit-Satz" des Art. 2 I GG, der Sozialentscheidung u. a. Bestimmungen des Grundgesetzes, s. *Dürig* in Maunz / Dürig / Herzog, Art. 1 I, Rdn. 48 ff.

[40] s. §§ 19 ff. WStG.

[41] Vgl. *Berthold Schirmer*, Befehl und Gehorsam, 1965, S. 13.

[42] Vgl. ZDv 10/1, „Hilfen für die Innere Führung", Stand Oktober 1975, Kap. 3: Leitsätze für Vorgesetzte, insb. die Leitsätze 1 bis 8 zum Führungsstil. Beispiel: Leitsatz 2, S. 32: „Der Vorgesetzte läßt sich — wenn zweckmäßig — vor Entscheidungen beraten. Den oder die Berater wählt er in Abwägung des Gegenstades, des Sachverstandes und des Betroffenseins aus. Diskussion ist ein wichtiges Mittel zur Entscheidungsvorbereitung. Die Gesamtverantwortung bleibt beim Vorgesetzten."

[43] „Das Führungsmittel des Befehls ist das Kennzeichen jeder Wehrmacht", zit. aus der Begründung zum Entwurf eines Sodatengesetzes, BT-Drucksache 1700, von *Martin Rittau*, Soldatengesetz Kommentar, München und Berlin 1957, § 11, S. 110; ebd.: die Pflicht, einem Befehl zu gehorchen „ist unerläßlich für das Funktionieren jeder militärischen Organisation" (aus dem

fehlsgewalt jedoch nicht unbeschränkt sein[44]. Eine unbeschränkte Befehlsgewalt würde im Endeffekt zu einer faktischen Gleichsetzung von Machtbefugnis und Rechtmäßigkeit führen, unbedingte Gehorsamspflicht hätte die Degradierung des Untergebenen zu einem gedanken- und willenlosen Werkzeug zur Folge[45]. Die Bestimmungen in § 11 I S. 3 und II SG tragen diesen Erwägungen Rechnung, indem sie Ausnahmen vom Gehorsamsprinzip festlegen: Befehle, die die Menschenwürde des Soldaten oder eines Dritten verletzen, brauchen nicht befolgt zu werden (§ 11 I S. 2 SG); Befehle, die eine Straftat darstellen, dürfen nicht befolgt werden (§ 11 II 1 SG). Angesichts des verfassungsrechtlich überragenden Ranges der Würde verwundert es zunächst, daß würdeverletzende Befehle lediglich nicht befolgt zu werden *brauchen*. Der Schutz der Würde wird damit jedoch nicht preisgegeben, da in den meisten Fällen — insbesondere wo Dritte betroffen sind — Würdeverletzungen ein Vergehen bedeuten (z. B. §§ 185 ff. StGB), so daß dann die Befehlsverweigerungspflicht des § 11 II S. 1 SG eintritt[46]. Die verbleibenden Fälle — meist im Problembereich „fairer/unfairer Kommunikationsrahmen" angesiedelt — sind rechtlich so schwierig zu qualifizieren, daß eine Befehlsverweigerungsmöglichkeit — auch im Interesse des Soldaten — einer Befehlsverweigerungspflicht vorzuziehen ist.

§ 22 WStG stellt die wehrstrafrechtliche Ergänzungsvorschrift dar und erklärt Ungehorsam für die geregelten Ausnahmefälle für rechtmäßig. Wie die empirische Untersuchung *Rosteks*[47] in Form einer Umfrage bei 314 Soldaten aus 7 Teileinheiten verschiedener Waffengattungen einer Division zeigt, läuft jedoch die Norm des § 11 SG hinsichtlich ihrer Ausnahmebestimmungen weitgehend leer. Bequemlichkeit, mangelnde Rechtskenntnis (die in der Regel in dem Bewußtsein besteht, für befohlene Taten nicht verantwortlich zu sein) oder fehlende Zivilcourage sind die wesentlichen Gründe. Dies zeigt[48] in er-

---

schriftlichen Bericht des Verteidigungsausschusses des Dt. BT über den Entwurf eines Soldatengesetzes, BT-Drucksache 2140, S. 6).

[44] s. *Holger Rostek,* Der rechtlich unverbindliche Befehl, Ein Beitrag zur Effektivitätskontrolle des Rechts, Berlin 1971, Vorwort des Herausgebers *Ernst E. Hirsch,* S. 5; s. auch *Joachim Salzmann,* Der Gedanke des Rechtsstaats in der Wehrverfassung der Bundesrepublik, Bonn 1962, S. 103: „Für den militärischen Bereich ist dieser Verfassungssatz (des Art. 1 I GG, der Verf.) inofern bedeutsam, als sich damit eine instrumentale Einschätzung des Soldaten als Objekt einer ungehemmten Befehlsgewalt verbietet."

[45] *Peter Fuhrmann,* Der höhere Befehl als Rechtfertigung im Völkerrecht, München und Berlin 1963, S. 17.

[46] Daher fordert *Rostek,* wie Fußn. 44, S. 117 eine entsprechende Klarstellung im Text des § 11 SG.

[47] Vgl. *H. Rostek,* wie Fußn. 44, S. 117, der als „rechtliche Hilfestellung" für den Untergebenen eine Prüfungspflicht, und für den Vorgesetzten eine Pflicht zur Erhebung von Gegenvorstellungen bei tatsächlichen und rechtlichen Zweifelsfällen fordert.

6.2. Traditionsbedingte Gefährdungen

schreckender Weise, daß in der Bundeswehr in der Regel blinder Gehorsam praktiziert und geduldet wird. Dabei sollte gerade im Rückblick auf die deutsche Vergangenheit oder auch auf die Massaker der amerikanischen Soldaten in Vietnam[49] die Förderung eines kritischen Gehorsams in den Streitkräften angestrebt werden. Art. 1 I GG enthält die entsprechende normative Forderung.

Die Spannung zwischen individueller Würde und befehlender Gemeinschaft, die Pflicht, staatlichen Exekutivorganen gehorchen zu müssen, bleibt solange erträglich, als dem Befehlenden neben der gesetzlichen Ermächtigung[50] Autorität im positiven, ursprünglichen Sinne dieses Wortes zur Seite steht. Autorität in diesem Sinne bedeutet nicht nackte Befehlsgewalt, sondern Legitimation kraft Auftrags wegen erwiesener und permanent unter Beweis zu stellender Sachkompetenz, Rationalität, gerechtem Handeln und Selbstbeherrschung[51]. Autorität in diesem (positiven) Sinne kann verlorengehen, und sie ist in Gefahr geraten durch das — auch bei Offizieren und Unteroffizieren vorhandene[52] — Alkoholproblem, durch die Verschlechterung des mensch-

---

[48] Trotz der relativ kleinen Zahl befragter Soldaten dürfte dieses Ergebnis für die Bundeswehr generell zutreffen. Abgesehen von eigenen Erfahrungen des Verfassers ist Indiz dafür die sträfliche Vernachlässigung des vom Soldatengesetz geforderten (§ 33) staatsbürgerlichen und völkerrechtlichen Unterrichts, vgl. *Ganser*, S. 28.

[49] „Die Aufzählung der unmenschlichen Handlungen, die von Durchschnittsamerikanern im Vietnamkrieg begangen wurden, würde zuviel Platz einnehmen ... Wir wollen nur wiederholen, daß unsere amerikanischen Soldaten routinemäßig Dörfer niederbrannten, eine Strategie des „freien Schußfeldes" betrieben, Napalm extensiv anwendeten, die fortschrittlichste Technik gegen primitive Armeen einsetzten, weite Gebiete des Landes entlaubten ... und unmittelbare Masaker unter Hunderten von unbewaffneten Zivilisten veranstalteten", *Stanley Milgram*, wie Fußn. 32, S. 208, unter Verweisung auf mehrere Schriften zu diesem Thema: R. J. Glasser, 365 Days, New York 1971; *T. Tayler*, Nürnberg und Vietnam, München 1971; *D. Halberstam*, Vietnam oder wird der Dschungel entlaubt?, Reinbek bei Hamburg 1965.

[50] Im Falle des Soldaten ist dies § 11 I, S. 1 SG: „Der Soldat muß seinen Vorgesetzten gehorchen."

[51] Die Wortwurzel von „Autorität" ist auctoritas. Dazu *Dolf Sternberger*, Autorität, Freiheit und Befehlsgewalt, Walter Eucken Institut, Vorträge und Aufsätze, Heft 3, Tübingen 1959, S. 13/14. Unter Hinweis auf die berühmte etymologische Abhandlung von R. Heinze, Bd. 60, der Zeitschrift Hermes (Jahrgang 1925): Auctor ist nicht der Selbst-handelnde, sondern der Ratgeber, dessen Rat so mächtig werden kann, daß er eine ausdrückliche und wirksame Ermächtigung zum Handeln darstellt (so verwirklicht im Senat des republikanischen Rom, der zunächst nur beratendes, nicht entscheidendes Organ war. Das Handeln blieb den Beamten überlassen. Sie handelten nicht aus eigener Machtvollkommenheit, sondern in auctoritate senatus); vgl. dazu die durchaus vergleichbare Rechtsstellung des Bayer. Senats in der Bayer. Verfassung, Art. 34 ff. (39 - 41) und die gescheiterten Bemühungen Carlo Schmids u. a., anstelle des Bundesrats einen Senat als zweite Kammer im Grundgesetz zu etablieren, *C. Schmid*, Erinnerungen, S. 385 f.

[52] Zur Beeinträchtigung des Führungsverhaltens und zur Häufung von Dienstpflichtverletzungen unter Alkoholeinfluß durch Vorgesetzte, s. den Jahresbericht des Wehrbeauftragten 1978, wie 5.1. Fußn. 2, S. 13 ff.

lichen Klimas in der Bundeswehr auf Grund der Entfremdung zwischen Vorgesetzten und Untergebenen, die Reduzierung der sozialen Beziehungen auf das technisch und organisatorisch Notwendige[53]. Schwindende Autorität bewirkt vermehrt die Notwendigkeit der Befehlsgründung auf bloße Macht, reduziert den Willen und die Möglichkeit, aus freier Überzeugung zu gehorchen und verschärft die Spannung zwischen Art. 1 I GG und den Gemeinschaftsinteressen, die von einem Befehlenden ohne positive Autorität nicht mehr überzeugend vertreten werden können. „Autorität braucht Freiheit — nämlich die Freiheit derer, die sie aus freien Stücken anerkennen —, da sie sonst dem Verderb anheimfällt, zur Zwangsordnung und Gewaltherrschaft entartet. Freiheit aber braucht Autorität, nämlich die Autorität all derjenigen Einrichtungen und Kräfte, welche Freiheit gewährleisten. Fallen diese Autoritäten dahin, so ist auch die Freiheit selber jeden Augenblick in Gefahr, in Anarchie, Bürgerkrieg, Gassenterror und Tyrannei umzuschlagen[54]."

6.3. Würdegefährdungen durch Technisierung und bundeswehrspezifische Prinzipien der Menschenführung

6.3.1. Technisierung und Bürokratisierung

Daß der Prozeß der Technisierung in den Streitkräften zu Konfliktsituationen mit Art. 1 I GG führen kann, zeigte sich bereits, als oben das moderne Kriegsbild skizziert wurde[55]. Außer dem würdewidrigen Zwang, mit weitreichenden Vernichtungswaffen auch Nichtkombattanten töten zu müssen, bringt Technisierung noch weitere Gefahren für die Würde des Soldaten mit sich: Technisierung bewirkt nämlich eine immer größere Distanz zum eigentlichen Tötungsvorgang und senkt damit die Hemmschwelle zum Töten. Sie nimmt dem Soldaten weitgehend das Bewußtsein, in einen Tötungsmechanismus eingeschaltet zu sein. Der Tötungsvorgang wird in technisch komplizierte Einzeltätigkeiten aufgespalten, die für sich allein betrachtet oft keine Nähe zum Töten erkennen lassen. Getötet wird im technischen Team, die Last der Verantwortung wird auf viele Schultern verteilt. Ergänzt durch das (geduldete) falsche Rechtsbewußtsein, für befohlene Taten nicht verantwortlich zu sein[56], führt dies zu Disponierbarkeit und Manipu-

---

[53] s. dazu im einzelnen den sogleich folgenden Abschnitt 6.3.
[54] So auch *K. Jaspers*, Philosophie und Welt, München 1958, S. 45: „Freiheit ist nur gehaltvoll durch Autorität, der sie folgt, Autorität nur wahr durch Erwecken der Freiheit."
[55] 4.3.1.
[56] s. o. 6.2.2.5.

6.3. Gefährdungen durch Technisierung und moderne Menschenführung

lierbarkeit des Soldaten und damit zu einer weitgehenden Ausschaltung seines Gewissens.

Neben durchaus positiven Aspekten[57] zeigen sich weitere, negative Auswirkungen der Technisierung im Hinblick auf das menschliche Gesamtklima in der Bundeswehr. Heute bekannte, meist unter Effizienzgesichtspunkten diskutierte Phänomene, wie

— Reduzierung der sozialen Beziehungen zwischen Vorgesetzten und Untergebenen auf das technisch und organisatorisch Notwendige oder

— Entfremdung und Feindseligkeit innerhalb der Gruppe der Wehrpflichtigen mit Tendenzen zur Herausbildung einer Wehrpflichtigensubkultur[58]

sind Resultate technokratischer und bürokratischer Problemlösungsversuche[59], in denen die Komponente Mensch nicht hinreichend berücksichtigt worden ist. Mag sich zwar ein direkter Bezug im Sinne unmittelbarer Kausalität zwischen Technisierung und Würdeverletzungen nicht ohne weiteres herstellen lassen, so ist doch nicht zu übersehen, daß Technisierung in Verbindung mit Bürokratisierung dazu beigetragen hat, Kommunikationsbedingungen in der Bundeswehr zu schaffen, die ihrerseits die Voraussetzung für zunehmende Würdeverletzungen auf vertikaler wie horizontaler Beziehungsebene bilden.

6.3.2. Innere Führung

Es mag überraschen, im Rahmen der Darstellung von Würdegefährdungen eine Erörterung der „Inneren Führung" vorzufinden, die sich von Anfang an das Ziel gesetzt hatte, konsequent auf Rechtsstaatlichkeit, also auch auf Würdekonformität aller Regelungen im Personal- und Disziplinarbereich hinzuwirken[60]. Man sollte jedoch — wenn das Stichwort „Innere Führung" fällt — nicht vergessen, daß der Zielsetzung der Beachtung rechtsstaatlicher Grundsätze ein weiteres Ziel übergeordnet ist: die Schlagkraft der Truppe. Das Konzept der Inneren Führung hatte wohl nur deshalb überhaupt eine Chance, entwickelt und teilweise in der Truppe praktiziert zu werden, weil die neben den wenigen echten „Reformern" in der Mehrzahl befindlichen „Traditionalisten"[61] in der Inneren Führung ein Hilfsinstrument erblickten, das

---
[57] Technisierung bewirkt Abbau von (Amts-)autorität; s. dazu im einzelnen *W. Mosen*, Militärsoziologie, S. 53 ff.
[58] s. o. 5.2.3.1.
[59] s. dazu eingehend *Ganser*, S. 35 ff.
[60] *Wolf Graf Baudissin*, der das Konzept der Inneren Führung maßgeblich gestaltete, in Ganser, S 8.
[61] *Ganser*, S. 17 ff.

sich eignete, die öffentliche Meinung positiv zu beeinflussen und kritischer eingestellte Wehrpflichtige ideologisch bei der Stange zu halten. Daß Innere Führung auf das Ziel der Steigerung militärischer Effizienz im Bereich des Faktors „Mensch" abzielt, zeigt sich beispielsweise daran, daß die maßgebliche Vorschrift für die mit der Inneren Führung eng verknüpfte politische Bildung (ZDv 12/1) ursprünglich die Bezeichnung „Geistige Rüstung" trug[62]. Aufschlußreich in diesem Sinne sind auch einige Passagen aus dem 1956 konzipierten „Handbuch Innere Führung": „Innere Führung heißt *nicht* Auflösung der soldatischen Disziplin. Sie will die Disziplin nur in Formen fassen, die dem modernen Lebensgefühl und der Waffentechnik entsprechen. Innere Führung bedeutet *nicht* Verweichlichung. In der Gefechtsausbildung fordert sie eine bisher nicht gekannte Härte. Sie erstrebt vor allem die Erziehung zur Selbstdisziplin, ohne die der Kämpfer im künftigen Krieg nicht bestehen kann[63]."

Ulrich de Maizière, Generalinspekteur der Bundeswehr von 1966 bis 1972, stellt seine Erörterungen zur Inneren Führung[64] unter die Prämisse, daß der soldatische Kampfauftrag historisch der gleiche geblieben sei. Veränderungen der politischen, psychologischen, soziologischen, technischen und taktischen Voraussetzungen zwängen jedoch zu einer entsprechenden Anpassung bisheriger soldatischer Auffassungen und Formen. Diese Äußerungen bestätigen die Vermutung, daß sich die Traditionalisten des Schlagworts der Inneren Führung vor allem deshalb bemächtigten, um ihrer gleichgebliebenen inneren Einstellung ein demokratisch-rechtsstaatliches Mäntelchen umzuhängen. Daß diese Seite nicht aus innerer Überzeugung rechtsstaatliche Methoden in den Bundeswehrbetrieb einführte, sondern durch die Verhältnisse gezwungen, zeigt sich in demaskierender Deutlichkeit — auch an folgender Äußerung de Maizières: „Friedrich der Große hatte seine Soldaten noch geprügelt — wahrscheinlich sogar mit Recht —; im Jahre 1807/08 suchte und fand man neue Methoden der Menschenführung, die durch den politischen und sozialen Umbruch der Französischen Revolution beeinflußt, ja erzwungen wurden[65]."

---

[62] s. Information für die Truppe 1976, Heft 4, S. 82; Daraus wird ersichtlich, daß Innere Führung und politische Bildung in der Bundeswehr immer auch die Gefahr in sich bergen, überzogene Feindbilder zu erzeugen.

[63] Zitiert von General *Ulrich de Maizière* in einer Rede anläßlich der Kommandeur-Tagung der Luftwaffe am 15.12.1961 in Koblenz, abgedruckt in ZDv 10/1, Hilfen für die Innere Führung, Stand Oktober 1975, Anhang Teil II, Anlage 6, S. 41.

[64] *U. de Maizière*, wie Fußn. 63, S. 42.

[65] Wie Fußn. 63, S. 44.

Innere Führung so betrachtet und praktiziert ist blanker Zynismus. Innere Führung ersetzt den Korporalstock, nicht jedoch aus Achtung vor der Würde des Untergebenen, sondern wegen der geänderten Verhältnisse.

7. Zusammenfassung

Demokratie verlangt nicht nach allgemeiner Wehrpflicht. Nicht rechtliche oder rechtspolitische, sondern militärische Erwägungen geben den Ausschlag für die Wahl dieser Wehrform, die im konventionellen Stadium eines Krieges den Rückgriff auf ein kaum zu erschöpfendes Menschenreservoir erlaubt. Angesichts der Vernichtungskraft moderner Waffen und Kampfmittel bedeutet die Auferlegung der allgemeinen Wehrpflicht für den Wehrpflichtigen, daß er nicht mehr wie früher nur situationsbedingt, sondern im Rahmen ganzer Konfliktarten ohnmächtig erduldendes Objekt sein wird. Solange er jedoch agieren kann, wird er wegen der Unkontrollierbarkeit der Wirkung weittragender Waffen und Kampfmittel gezwungen sein, nicht nur feindliche Soldaten, sondern auch unschuldige Zivilisten zu töten.

Das Institut der allgemeinen Wehrpflicht tritt daher zur Würdenorm in ein Spannungsverhältnis am Rande des verfassungsrechtlich Erträglichen. Denn Art. 1 I GG fordert Achtung vor dem mit der Existenz des Menschen untrennbar verbundenen Wert (statischer Würdebereich) und verbietet es den staatlichen Gewalten, Situationen zu schaffen, in denen der Mensch gezwungen wird, unter Gewissensbelastung gegen seine innere Überzeugung zu handeln (dynamischer Würdebereich). Durch die weiterhin zu erwartende Steigerung der Vernichtungskraft von Waffen und Kampfmitteln und die Einführung neuartiger Waffensysteme, wie z. B. der Neutronenwaffe, wird sich diese verfassungsrechtliche Spannungslage weiter verschärfen. Um einen Bruch zu vermeiden, ist es den Politikern aufgegeben, das Spannungsverhältnis zugunsten der Menschenwürde abzubauen, d. h. ernsthaft und konsequent Abrüstungspolitik zu betreiben.

Die Untersuchungen zur würdekonformen Ausgestaltung des Wehrpflichtverhältnisses ergaben, daß erhebliche Würdeverletzungen und Würdegefährdungen den militärischen Alltag durchdringen, ohne daß die verantwortlichen offiziellen Stellen die nötigen Konsequenzen zögen. Wenn der Wehrbeauftragte des Deutschen Bundestages und das Bundesministerium der Verteidigung für die immer wiederkehrenden Würdeverletzungen und -gefährdungen primär charakterologisch bedingte Fehlleistungen von Vorgesetzten verantwortlich machen, so kann dieser, für die offizielle Seite bequemen Deutung nicht zugestimmt werden. Denn ursächlich sind in erster Linie bestimmte (tradierte oder bundeswehrspezifische) organisations- und systemimmanente Prinzipien. Von besonders negativer Auswirkung sind dabei die militärische Sprache und bestimmte militärische Umgangsformen, die für den Untergebenen einen diskriminierenden Kommunikationsrahmen schaffen, sowie das technokratische und bürokratische Denken unter Vernachlässigung sozialer, menschlicher Kommunikation. Wenn offizielle Stellen im Hinblick auf verbale Würdeverletzungen resignierend von „Unausrottbarkeit" sprechen, so stehlen sie sich bewußt oder unbewußt aus der Verantwortung. Eine Grundsatzreform im Bereich der militärischen Sprache und militärischer Formen könnte hier weitgehend Abhilfe schaffen. Es ist an sich nicht einsehbar, weshalb es in anderen Großorganisationen möglich, in der Bundeswehr dagegen unmöglich sein sollte, würdegemäße Kommunikationszustände herzustellen. Skepsis entsteht allerdings angesichts des allgemeinen Problems, ob und wie sich politischer Veränderungswille in Grundsatzbereichen gegenüber wandlungsfeindlichen, aufgeblähten Verwaltungsapparaten mit eigenen Gesetzmäßigkeiten und verdeckten Steuerungsmechanismen überhaupt noch durchzusetzen vermag.

Literaturverzeichnis

Bachof, Otto: Verfassungswidrige Verfassungsnormen, Recht und Staat, Heft 163/164, Tübingen 1951.

Benz, Wolfgang: Wirtschaftspolitik zwischen Demontage und Währungsreform, in: Westdeutschlands Weg zur Bundesrepublik 1945 bis 1949, München 1976.

Bornhak, Conrad: Deutsche Verfassungsgeschichte vom Westfälischen Frieden an, Stuttgart 1934, Neudruck Aalen 1968.

Cassirer, Ernst: Was ist der Mensch, Versuch einer Philosophie der menschlichen Kultur, Stuttgart 1960.

Clausewitz, Carl von: Vom Kriege, 17. Auflage, Bonn 1966.

Conrad, Hermann: Geschichte der deutschen Wehrverfassung, Band 1, München 1939.

Delbrück, Hans: Geschichte der Kriegskunst, Bände I - IV, Berlin, Nachdruck der 3. Auflage, 1964.

Denninger, Erhard: Staatsrecht 1, Reinbek bei Hamburg 1973.

Ehrenberg, Victor: Der Staat der Griechen, 2. Auflage, Leipzig 1965.

Essler, Wilhelm K.: Wissenschaftstheorie I, Freiburg/München 1970.

Festgabe für Ernst von Hippel, Bonn 1965.

Flach, H.: Suizidversuche in der Bundeswehr, Eine sozialpsychologische Untersuchung, in: Wehrpsychologische Untersuchungen, herausgegeben vom Bundesministerium der Verteidigung, Bonn, Heft 2, 1980.

Forschung für den Frieden, Fünf Jahre Deutsche Gesellschaft für Friedens- und Konfliktforschung, herausgegeben vom Vorstand der DGFK, Band 1, Boppard/Rh. 1975.

Forsthoff, Ernst: Deutsche Verfassungsgeschichte der Neuzeit, Berlin 1940.

Fuhrmann, Peter: Der höhere Befehl als Rechtfertigung im Völkerrecht, München und Berlin 1963.

Fuller, John Frederick Charles: Die entartete Kunst Krieg zu führen, 1789 bis 1961, Köln 1964.

Ganser, Helmut W.: Technokraten in Uniform, Reinbek bei Hamburg 1980.

Geyr von Schweppenburg, Leo Frh.: Gebrochenes Schwert, Berlin 1952.

Giese, Bernhard: Das Würdekonzept, Berlin 1975.

Glasser, Ronald J.: 365 Days, New York 1971.

Görlitz, Walter: Kleine Geschichte des Generalstabs, Berlin 1967.

Grimm, Dieter (Hrsg.): Rechtswissenschaft und Nachbarwissenschaften, Band 1 und 2, 2. Auflage, München 1976.

Grimm, Jakob und Wilhelm: Wörterbuch der deutschen Sprache, 32 Bände, Leipzig 1852 - 1961.

Der Große Duden, Herkunftswörterbuch, Mannheim/Wien/Zürich 1963.

Grosser, Alfred: Deutschlandbilanz. Geschichte Deutschlands seit 1945, München 1970.

Hahnenfeld, Günther: Wehrpflichtgesetz Kommentar, Loseblattsammlung, München, Stand 1.1.1979.

Halberstam, David: Vietnam oder wird der Dschungel entlaubt?, Reinbek bei Hamburg 1965.

Hamann, Andreas / *Lenz*, Helmut: Das Grundgesetz für die Bundesrepublik Deutschland vom 23. Mai 1949, 3. Auflage, Neuwied und Berlin 1970.

Hartmann, Nikolai: Ethik, 4. Auflage, Berlin 1962.

Hartung, Fritz: Deutsche Verfassungsgeschichte vom 15. Jahrhundert bis zur Gegenwart, 6. Auflage, Stuttgart 1954.

Heinemann, Gustav W.: Verfehlte Deutschlandpolitik. Irreführung und Selbsttäuschung. Artikel und Reden, Frankfurt/Main 1966.

Hennis, Wilhelm: Verfassung und Verfassungswirklichkeit, Tübingen 1968.

Hermann, Carl Hans: Deutsche Militärgeschichte, Frankfurt/Main 1966.

Hesse, Konrad: Grundzüge des Verfassungsrechts der Bundesrepublik Deutschland, 11. Auflage, Heidelberg/Karlsruhe 1978.

— Die normative Kraft der Verfassung, Recht und Staat 222, Tübingen 1959.

Hessen, Johannes: Lehrbuch der Philosophie, Band 2 Wertlehre, 2. Auflage, München/Basel 1959.

Huber, Ernst Rudolf: Heer und Staat, Hamburg 1943.

— Deutsche Verfassungsgeschichte seit 1789, Band 1, Stuttgart 1957.

Husserl, Edmund: Die Krisis der europäischen Wissenschaften und die transzendentale Phänomenologie, Eine Einleitung in die phänomenologische Philosophie, Hamburg 1977.

Irving, David: Hitler und seine Feldherrn, Frankfurt/Main 1975.

Jaspers, Karl: Philosophie und Welt, Reden und Aufsätze, München 1958.

Jung, Carl Gustav: Der Mensch und seine Symbole, 4. Auflage der Sonderausgabe, Olten und Freiburg 1980.

Kant, Immanuel: Grundlegung zur Metaphysik der Sitten, 3. Auflage, Hamburg 1962.

Kluge, Friedrich / *Mitzka*, Walther: Etymologisches Wörterbuch der Deutschen Sprache, 19. Auflage, Berlin 1963.

Koch, Hans-Joachim (Hrsg.): Die juristische Methode im Staatsrecht, Frankfurt/Main 1977.

Kutschera, Franz von / *Breitkopf*, Alfred: Einführung in die moderne Logik, 2. Auflage, Freiburg/München 1971.

Luhmann, Niklas: Grundrechte als Institution, 2. Auflage 1974, Berlin 1974.

Lutz, Dieter S. / *Rittberger*, Volker: Abrüstungspolitik und Grundgesetz, Baden-Baden 1976.

Maihofer, Werner: Rechtsstaat und menschliche Würde, Frankfurt/Main 1968.

Marcu, Valeriu: Das große Kommando Scharnhorsts, die Geburt einer Militärmacht in Europa, Leipzig 1928.

Martens, Wolfgang: Grundgesetz und Wehrverfassung, Hamburg 1961.

Maunz, Theodor: Deutsches Staatsrecht, 13. Auflage, München und Berlin 1964.

Maunz, Theodor / *Dürig,* Günter / *Herzog,* Roman: Grundgesetz Kommentar, 4. Auflage, München 1974.

Meier-Welcker, Hans: Deutsches Heerwesen im Wandel der Zeit, Frankfurt/Main 1965.

Milgram, Stanley: Das Milgram Experiment, Zur Gehorsamsbereitschaft gegenüber Autorität, Reinbek bei Hamburg 1974.

Mitteis, Heinrich / *Lieberich,* Heinz: Deutsche Rechtsgeschichte, 13. Auflage, München 1974.

Mosen, Wido: Eine Militärsoziologie, Neuwied und Berlin 1967.

Neumann, Franz L. / *Nipperdey,* Hans Carl / *Scheuner,* Ulrich (Hrsg.): Die Grundrechte, Handbuch der Theorie und Praxis Bd. II, Die Freiheitsrechte in Deutschland, Berlin 1954.

Noack, Paul: Das Scheitern der Europäischen Verteidigungsgemeinschaft, Düsseldorf 1977.

Papke, Gerhard: Von der Miliz zum stehenden Heer. Wehrwesen im Absolutismus, in: Handbuch zur deutschen Militärgeschichte 1648 bis 1939, München 1979.

Die Personalstruktur der Streitkräfte, Bericht der Personalstrukturkommission, Bonn 1971.

Pross, Harry: Politische Symbolik, Theorie und Praxis der öffentlichen Kommunikation, Stuttgart/Berlin/Köln/Mainz 1974.

Reden der Französischen Revolution, München 1974.

Riemer, Rudolf (Hrsg.): Streitkräfte im geteilten Deutschland, Schriften des Studienzentrums für Ost-West-Probleme, München 1976.

Rittau, Martin: Soldatengesetz Kommentar, München/Berlin 1957.

Rostek, Holger: Der rechtlich unverbindliche Befehl. Ein Beitrag zur Effektivitätskontrolle des Rechts, Berlin 1971.

Rupp, Hans Karl: Außerparlamentarische Opposition in der Ära Adenauer, Köln 1970.

Schirmer, Berthold: Befehl und Gehorsam, Köln/Berlin/Bonn/München 1965.

Schmid, Carlo: Erinnerungen, 3. Band der Gesammelten Werke, Bern/München/Wien 1980.

Schneider, Reinhard: Königswahl und Königserhebung im Frühmittelalter; Untersuchungen zur Herrschaftsnachfolge bei den Langobarden und Merowingern, Stuttgart 1972.

Schubert, Klaus von: Sicherheit der Bundesrepublik Deutschland, Dokumentation 1945 - 1977, Bonn 1978.

Schulze, Peter: Sachstandsdarstellung über die Quantifizierungsmethoden zur Bestimmung psychischer Beanspruchungsgrade in Abhängigkeit von Qualität, Intensität und Einwirkdauer physikalisch definierbarer Belastungen, in: Wehrpsychologische Untersuchungen, Hrsg. Bundesministerium der Verteidigung, Bonn 1980.

Schwacke, Peter: Grundrechtliche Spannungslagen, Stuttgart/Berlin/Köln/Mainz 1975.

Seidler, Franz W. / *Reindl*, Helmut: Die Wehrpflicht. Dokumentation zu Fragen der allg. Wehrpflicht, der Wehrdienstverweigerung und der Wehrgerechtigkeit, Wien 1971.

Stegmüller, Wolfgang: Hauptströmungen der Gegenwartsphilosophie, Bd. II, Stuttgart 1975.

Stein, Ekkehart: Staatsrecht, 6. Auflage, Tübingen 1978.

Sternberger, Dolf: Autorität, Freiheit und Befehlsgewalt, Tübingen 1959.

Tayler, Telford: Nürnberg und Vietnam. Eine amerikanische Tragödie, München 1971.

Vater, Alexander: Der Einfluß des Wehrdienstes auf das Aggressionsverhalten von Soldaten. Dissertation der Jur. Fak. der Universität Heidelberg 1977.

Wertenbruch, Wilhelm: Grundgesetz und Menschenwürde, Köln/Berlin 1958.

Wien, Otto: Wehrpflicht und Wehrethos, in: Soldaten der Demokratie, Frankfurt/Main 1973.

Wienhöfer, Elmar: Das Militärwesen des Deutschen Bundes und das Ringen zwischen Österreich und Preußen um die Vorherrschaft in Deutschland 1815 - 1866, Osnabrück 1973.

Wittgenstein, Ludwig: Philosophische Untersuchungen, Frankfurt/Main 1971.

Printed by Libri Plureos GmbH
in Hamburg, Germany